Colección:

MIS CUADERNOS DE PRÁCTICAS

Teje-Má

Libro 4

DESPERTANDO CONCIENCIAS

Susi Calvo

DESPERTANDO CONCIENCIAS

Para pedidos de copias adicionales de este libro, por favor contáctenos en:
Palibrio
1663 Liberty Drive
Suite 200
Bloomington, IN 47403
Llamadas desde España 900.866.949
Llamadas desde los EE.UU. 877.407.5847
Llamadas internacionales +1.812.671.9757
Fax: +1.812.355.1576
ventas@palibrio.com
403975

ÍNDICE

PRIMERA PARTE
"ENSEÑANZA"

SEGUNDA PARTE
"LA BASE"

TERCERA PARTE
"PREMISAS BÁSICAS"

CUARTA PARTE
"SISTEMAS DE PROTECCIÓN"

DEDICATORIA

Este "Cuaderno de Prácticas" está dedicado a las personas que empiezan.

Y también a las que siguen a pesar de todo, jajajaja....

Está dedicado especialmente a mi amiga "La Mari", con quien empecé esta aventura y que me sigue acompañando aunque sea por Internet y que alguna vez nos visitamos, ya que ella sigue en Barcelona y yo me desplacé a la provincia de Ávila.

También lo dedico a todas las "Maris" del mundo, que las hay a montones.

Y a las "Amandas", que son muy listas y ya están en marcha, solo les falta un empujoncito.

Se lo dedico a todos mis colegas de Ávila, que tanto me animan y me apoyan.

Susi y Mari en Ávila, 2010.

Testimonio de Mari:

Siendo estudiante de psicología coincidí en la facultad con Susi. Me sorprendió muy gratamente su capacidad intelectual, su interés científico y su actitud escéptica. Era exigente y ambiciosa en los trabajos que realizábamos en grupo. Para ella era su segunda carrera universitaria que realizaba con elevado sentido de responsabilidad mientras trabajaba de asistente social, llevaba una casa, y ejercía la maternidad con su hijo Rafa. Confié plenamente en ella cuando me dijo si quería acompañarla a un curso sobre el tarot. Me pareció interesante y muy refrescante. Algo diferente a lo que habíamos hecho durante el curso en la facultad, así que ese verano empezamos algo que marcó en Susi un antes y un después en su vida. Y a mí también.

Recuerdo con mucho cariño y nostalgia las reuniones del curso.

Enseguida Susi empezó a *canalizar*. Era como una antena que recibía señales y las comunicaba. Esa experiencia para Susi era demasiado. Su actitud escéptica y su interés científico la llevaban a querer saber más, a profundizar, a experimentar. Faltaba algo, un instrumento que le diera seguridad, ya que empezó a sospechar seriamente que podría estar perdiendo la salud mental.

Fue así como un día, en su casa, encontramos la forma para buscar ese instrumento. Le pedimos directamente a la energía que Susi canalizaba que nos ofreciera una "prueba". Lo que sucedió fue inesperado. Totalmente inesperado y, para mí, terrorífico:

Susi-canalizando me miró y extendió sus manos ofreciéndomelas, yo las cogí y sentí como una corriente eléctrica que ascendía desde mis manos, por mis brazos.

Simultáneamente oí que Susi decía "se está yendo". Esa *corriente eléctrica* subía del brazo hacia mi cabeza, ya estaba a la altura del cuello y me aterrorizó. Recuerdo que empecé a decir: "por favor a la cabeza, no" y lo repetía.

Susi entendió lo que estaba pasando, me volvió a coger las manos y la *corriente eléctrica* salió por donde había entrado. Susi volvió a ser *Susi-canalizando*.

¿Hubiera llegado esa *corriente eléctrica* a mi cerebro aunque yo no quisiera? Si hubiera llegado a mi cerebro, ¿hubiera sido yo una antena de recepción y eso sería la canalización? Yo preferí no tener esa experiencia.

Terminé la carrera de psicología y trabajo de psicoterapeuta.

Desde la perspectiva de salud mental se podría pensar que fue una experiencia sensorial inducida por sugestión. La verdad más profunda es que no me interesa saber con certeza qué sucedió. Después de esa experiencia siempre respetaré y admiraré la labor que realiza Susi. La capacidad de entrega, la valentía y la coherencia le han llevado a dedicar su vida, desde entonces, a la canalización comprometiendo su proyecto de vida en todos los sentidos.

Respecto al contenido canalizado, mi opinión es que *cada persona oye con sus oídos*, que es levemente diferente a la

frase: "quien tenga oídos que oiga" del Nuevo Testamento
y que la certeza en la vida es patrimonio de la locura.
Sólo tenemos creencias con las que nuestra conciencia
sintoniza.

Susi y Mari en Barcelona, 1987

AGRADECIMIENTOS

Lo primero que leí fueron los libros de Lobsang Rampa y JJ Benítez y fueron de gran ayuda para mí. Doy gracias a su existencia, pues ellos me iniciaron en la búsqueda de algo distinto, extraordinario. Pienso que ayudaron a mucha gente a pensar en la existencia de otras entidades y en las facultades invisibles del propio ser humano.

A quien tengo mucho que agradecer es a Mari Carmen Hita, mi vecina, por ayudarme en mi despertar. ¡Gracias Mari Carmen!

A mis amigas Mari Carmen (la Mari) y Lidia por acompañarme al curso de "Introducción a las Ciencias Ocultas". A las compañeras de curso: Aixa, Conchi y Nuri. Con las que empecé esta aventura. Y sobre todo a la profe, a Xila quien hizo posible este despertar al mundo de la mediumnidad y compartió sus conocimientos conmigo. A Mae, la medium que vino a clase y propició la situación.

A la tienda esotérica Karma-7 y a su revista, que han ayudado a tanta y tanta gente.

A Juan Ester, en cuyo centro pasaron muchas cosas. (Estas se cuentan en el primer libro de esta colección). Gracias a sus fotocopias de libros pudo llegar a mis manos mucha

11

información sobre "El proyecto de Evacuación Mundial", o los elohims (entre otros).

A Fabri, (el elohim Taaron). Que me acompaña y me apoya en todo momento.

A mi hijo Rafa (el elohim Trixi). Que me acompañó en mi camino en su infancia y ahora lo hace desde su propio espacio y crecimiento personal con su mujer Ananda y sus hijos: Cristian, Sofia y Nauk.

A los que vinieron al encuentro en Lloret de Mar en 1990. Tres de los cuales siguen acompañándome en el camino: Mireia, Josep y Reyes. Compañeros incondicionales.

Muy importante en mi vida desde entonces es la entidad de Sirio que nos acompaña mediante su instrucción y su aportación de otras entidades para que nos enseñen muchas cosas con respecto al mundo invisible, él es quien nos muestra el camino y nos abre los ojos a otras dimensiones. Es quien confeccionó las Premisas Básicas y más enseñanzas que iremos recogiendo en otros cuadernos.
¡Infinitas gracias!

Agradezco a mis amigos y amigas que comparten ahora la estancia en este pueblo de Ávila, por su entrega y capacidad de servicio. Y de entre ellos a Jaime que ha hecho el prólogo.

Agradezco a mi familia por esa sonrisa cómplice.

Y a todos los que están leyendo estas líneas, por sus ganas de aprender, de crecer y el impulso de evolucionar hacia la Luz.

Con cariño para todos.

PRÓLOGO

Tenía 28 años cuando algo despertó en mi interior, algo latente que al despertar me llevó hacia una búsqueda y encuentro con aspectos míos que yo desconocía.

Como el titulo de este libro, me di cuenta tiempo después que había despertado la conciencia que habita y nutre el cuerpo en el que estoy, dirigiendo sutil y muy inteligentemente los pasos que tenía que dar para un encuentro cada vez más profundo con ella misma.

Uno de estos pasos me llevó a conocer las enseñanzas que se dan en este libro, un conocimiento que adquirí directamente de los Seres Superiores que se manifestaban a través de Susi, y ávido de avanzar por mi sendero evolutivo puse en práctica todas y cada una de estas enseñanzas en mayor o menor medida.

Así pues este conocimiento con la práctica, se convirtió en un elemento vivo, integrado en mis células, que me llevó con el tiempo a sentir y manifestar vehículos superiores que hay en mí.

Recuerdo la primera vez, que con la ayuda de Susi, pude sentir físicamente la Presencia, algo dentro de mí que se expandía y que podía mover literalmente partes de mi cuerpo si yo le dejaba hacer, ¡ Que Sorpresa !, fue uno de esos días que marcan un antes y un después en la vida de una persona.

Después de aquello solo quería continuar profundizando en ello y eso es lo que he estado haciendo durante los últimos doce años de mi vida, ir más adentro y más arriba.

Puedo asegurar desde la propia experiencia que las herramientas y enseñanzas que de una forma tan amena y sencilla nos explica el elohim Teje-Má, a través del cuerpo-base Susi, producirán en el lector la transformación que busca con su aplicación continua.

Es este un libro de prácticas, un manual Superior y sencillo para conectar y manifestar la Presencia que hay en ti.

Por lo tanto, si has empezado una búsqueda de ti mismo, te animo a dar los primeros pasos, y a sorprenderte a ti mismo. Diviértete y experimenta.

Si ya distes muchos pasos, prepárate para seguir sorprendiéndote, y sonríe, por poder experimentar una vez más la sorpresa, es un buen indicio de que sigues creciendo y profundizando.

Desde lo más profundo y elevado.

Con amor, Jaime.

Susi y Jaime – Ávila, abril 2012

PRESENTACIÓN

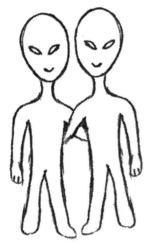 Hola…. Somos Taaron y Teje-Má y este es nuestro cuarto libro.

Todos ellos son nuestros: "Cuadernos de Prácticas".

Somos seres creadores, originarios del Universo Central, hemos nacido en las Esferas del Paraíso y estamos en la Tierra, en forma humana, haciendo nuestras prácticas como seres creadores.

Estamos en misión de ayuda a la humanidad, enviados por el Creador de este Universo.

Nuestra tarea es el "despertar de las conciencias" a través de los libros que estamos escribiendo.

A los seres creadores también nos llaman "elohims". Nosotros somos pequeños, estamos aprendiendo a crear.

Cuando se empieza a crear, hay que ser muy responsable y conocer en profundidad los pros y los contras de cada creación.

Los humanos moldean sus cuerpos físicos, crean emociones, pensamientos, ideas y a través de ellos actúan.
También son creadores.

Nos gusta mucho compartir nuestra frecuencia vibratoria con la humanidad, aportamos nuestra Luz y ellos nos ayudan a crecer y a evolucionar mediante sus propias aportaciones.

Los seres humanos son muy creativos... su mente es prodigiosa y está en continuo crecimiento.

Somos muy felices en la Tierra compartiendo con todos nuestra Fuerza y nuestra Luz.

¡Bienvenidos a nuestro cuarto libro!

PRIMERA PARTE

"ENSEÑANZA"

Muchas personas no saben de qué estamos compuestos realmente.
No saben lo que es el aura, o un chakra.

CAPÍTULO 1

"PROCESO"

Amanda se sentó un rato, estaba cansada y las manos no dejaban de dolerle. Ya hacia días que las llevaba vendadas, no podía casi ni abrir las puertas, del dolor en las palmas de las manos.

Hoy estaba mirando a su jefa y cuando esta movía las manos para explicarle alguna cosa, veía un color azul en ellas. Se frotaba los ojos, no entendía nada... *"¿Por que veo las manos de color azul?"*

Dentro de un rato saldría del trabajo y se encontraría con su amiga Mari, y le contaría lo que le pasaba.

Amanda.- Oye Mari, ya hace días que me duelen las manos y veo colores en las personas...no sé por qué será.

Mari.- Uy, que cosa mas extraña. ¿Por eso las llevas vendadas?

Am.- Si, es que no puedo ni abrir las puertas, lo tengo que hacer con los codos.

Mira, ahora mismo veo colores por encima de tu cabeza.

M.- ¿Y que colores ves?

Am.- Veo un azul turquesa y un amarillo vivo.

M.- Pues no se que decirte... ¿a quien podríamos consultarle lo que te pasa?

Am.- No lo se, pero estoy preocupada.

M.- Oye, yo conozco a una mujer que también ve cosas y le pasan cosas... ¿quieres que le preguntemos a ella?

Am.- ¿No será muy cara?

M.- No te preocupes, yo te invito.

Am.- Bien, pues cuando quieras.

Amanda y Mari, llaman por teléfono a Susi para concertar una cita con ella.

¤¤¤

En casa de Susi:

Susi.- Buenos días.

Am y M.- Buenos días.

Su.- ¿En qué os puedo ayudar?

Am.- Veras, me duelen las palmas de las manos y veo colores alrededor de las personas.

Su.- Esta claro que hay chakras en tus manos que se están abriendo y cualidades que se están despertando.

Am.- ¿Me lo puedes explicar?, no te entiendo.

Su.- El mundo esta cambiando y las personas también. Algunas tienen cualidades que hasta ahora estaban dormidas, pero ya se están despertando.

Am.- Sigo sin entender por qué me pasa a mí todo esto.

Su.- Primero te voy a hablar de lo que son los chakras.

Tú te ves a ti misma como un cuerpo físico, pero esto no es todo lo que hay. Y lo que hay esta escondido, invisible a los ojos humanos.

Es otro mundo, un mundo lleno de cosas distintas.

Hay personas que despiertan la cualidad de acceder a este otro mundo.

Am.- ¿Y por qué yo?, ¿por qué a mi? ¿Por qué Mari no ve lo mismo que veo yo, ni le pasa lo mismo que a mí en mis manos?

Su.- Vamos a ir resolviendo esta cuestión poco a poco. Todo este mundo contiene un nuevo lenguaje que tienes que ir aprendiendo: chakras, auras, dimensiones, energías,... es un lenguaje nuevo.

Lo primero que te aconsejo es que empieces a visitar librerías esotéricas, y a leer libros muy sencillos que te hablen de estos temas.

Que te hablen de lo que somos realmente y de lo que hacemos aquí.

Am.- Como... ¿de lo que hacemos aquí?

Su.- Los humanos estamos en este planeta para aprender muchas cosas.

Y cuando las hemos aprendido, tenemos que pasar a un siguiente nivel, que será aprender cosas en este mundo del que ahora empiezas a atisbar su presencia.

En este planeta durante milenios solo los chamanes, magos o sanadores tenían unas facultades determinadas, pero actualmente a muchas personas se les están despertando esas mismas capacidades.

Am.- ¿Hay mucha gente a la que le esta pasando lo mismo, están despertando nuevas cualidades?

Su.- Si, esto se debe a que estamos en un tránsito de dimensiones.

Aun vivimos en el mundo material de tercera dimensión, pero desde 1950, aproximadamente, entramos en el mundo invisible. Ambos mundos se están cruzando.

El planeta Tierra emerge a una nueva dimensión, como planeta mismo, por su evolución, y por lo tanto todos sus habitantes emergen con ella.

Cuando esto ocurre las personas evolucionan también hacia la cuarta dimensión.

El problema es que no están informadas ni preparadas.

No hay gobiernos que informen de lo que esta ocurriendo, porque ni ellos mismos lo comprenden y todo esto les parece magia o brujería.

Y si hablamos del mundo de las religiones... no veas...

Pero en la medida en que multitud de personas empiecen a observar que les pasan cosas, que algo esta ocurriendo, tendrán que darse cuenta y hacer algo al respecto.

Estas nuevas cualidades ofrecen un mundo nuevo, una nueva visión de los acontecimientos.

Si se cultivaran estas cualidades aprenderíamos a ver de otra manera.

Yo, todavía estoy aprendiendo como se maneja todo esto, pero poco a poco, siendo muchos a los que les ocurre, se forman grupos y escuelas.
Cada vez más personas se unen para practicar o trabajar en este sentido.

Aun hay energías de baja frecuencia como envidia, celos, o rabia, cuando vemos que el compañero tiene más cualidades o potencial que yo.

Me gustaría formar una escuela donde hubiera cualidades energéticas y las personas trabajaran con amor verdadero.

Aunque es difícil, no es imposible.

Am.- Pues si haces esta escuela, yo me apunto.

M.- Yo también, aunque no vea auras ni tenga dolores. ¿Puedo?

Su.- Si, si, claro.

Empezaremos mañana mismo.

CAPÍTULO 2

"PRIMERA CLASE"

Estamos en casa de Susi, empiezan las clases.

En la sala, Susi se encuentra con Amanda y Mari.

Su.- Tal y como hablamos el otro día, os voy a contar qué son los chakras.

Para eso tenemos que entender que hay otros cuerpos, y que todos ellos se mueven gracias a la energía.

La energía es el combustible. La comida.

Para que lo entendáis, el cuerpo físico, si no come, si no repone fuerzas, no funciona. Al igual que un coche, si no le pones gasolina no va a funcionar.

Tu parte emocional y tu parte mental, gastan mucha energía. Ellos también se alimentan.

Recuerda que cuando lloras intensamente, después estas muy cansada, necesitas descansar o reponer fuerzas.

Los cuerpos que tienes en el mundo invisible y que emiten estos colores son los que te he mencionado, el emocional y el mental.

El emocional emite muchos colores y eso es lo que has visto. El mental emite tonos amarillos, principalmente.

Am.- Si, recuerdo que vi colores en mi amiga, entre ellos el azul y el amarillo.

Su.- Pues el azul pertenecía al cuerpo emocional y el amarillo al mental.

Haremos un ejercicio para que lo veamos.

Bajaré la intensidad de la luz y me pondré delante de esta pared blanca, las dos os ponéis frente a mi y a ver qué es lo que vemos.

CAPÍTULO 3

"EN OTRA DIMENSIÓN"

Taa.- Oye Teje-Má.

TM.- Dime Taaron...

Taa.- ¿Y nosotros también tenemos chakras?

TM.- Nosotros somos "Perfecta Luz".

Taa.- Pero... ¿Tenemos chakras?

TM.- Somos "creadores de la Luz del universo".

Taa.- Si, pero no me contestas. ¿Tenemos o no tenemos chakras?

TM.- Nosotros somos la Luz, la creamos.

Taa.- Caramba....Te estas poniendo insoportable, ¡tenemos o no tenemos chakras!!

TM.- Bueno... pero ¿tu sabes lo que son los chakras?

Taa.- ¡Y yo que sé! Pues cuéntamelo.

TM.- Son como embudos. Por ellos entra y sale la energía... Tienen forma de embudo... Aunque algunos tienen forma de medusas.

Taa.- ¿De medusas?

TM.- Si, eso lo digo por el movimiento.

Taa.- ¿Cómo? Cuéntame.

TM.- Pues los chakras se mueven en el plano astral, como las medusas en el agua.

El plano astral o el plano emocional es de una densidad parecida al agua, por eso atribuyen al agua la cualidad emocional.

Taa.- Entonces, ¿como se mueven los chakras?

TM.- Pues como te digo... como las medusas... imagínate una medusa con su hongo expandiéndose y concentrándose. Pues ahora imagínate que la medusa es un chakra y cuando esta expandiéndose esta enviando energía y cuando se esta concentrando la esta metiendo para dentro o sea recibiendo.

Oye... que lo de las medusas es solo por comparar movimientos. ¿Entiendes?... No es que sean como las medusas físicamente.

Taa.- Vale vale. O sea que el tema consiste en **"dar y recibir"**. En **"contraer y expandir"**.

TM.- Si... los chakras son vórtices que se encargan de absorber la energía de alrededor tuyo... bueno... en la entidad que tenga chakras... claro.

Taa.- Vale... entonces... **absorbe energía y la emite.**

¿Y la que emite es la tuya?

TM.- Si claro... emite la que tú tienes dentro... así que si tienes dentro cosas buenas, eso es lo que sale... si tienes cosas oscuras, eso sale también.

Taa.- Ahhh ¿y lo de entrarlas?

TM.- Pues lo mismo, si tu estas rodeado de oscuridad o de cosas feas, eso es lo que estas metiendo en tu interior.

Por eso las personas sensibles solo se quieren rodear de cosas bonitas o vivir en lugares limpios, no contaminados.

Taa.- ¿Y el tabaco?

TM.- ¿Qué pasa con el tabaco?

Taa.- ¿Cómo influye?

TM.- Pues el tabaco atrae a las energías oscuras, pone enfermas a las personas y atrae entidades como **"bichos astrales"**, que son muy desagradables.

(Me refiero al tabaco que se vende en paquetes hoy en día).

Taa.- ¿Como son las entidades, los "bichos astrales"?

TM.- Pues los llamamos: "gusarapos".
Y son como garrapatas. Se enganchan a las personas y les chupan la vitalidad y les hacen dependientes de ello, para poder seguir absorbiendo su energía.

También se forman "nidos de gusanos", parecidos a los gusanos de seda. Estos tienen unas patitas que permiten que se enganchen en la gente.

Taa.- Oye... y siguiendo con el tema de los chakras... háblame mas de ellos.

TM.- A ver que te cuento... los chakras ya te he dicho que son como embudos... como aspiradoras y propulsores.

En los cuerpos energéticos, los chakras están distribuidos de una forma equilibrada... los hay más grandes, o sea más importantes, que absorben y emiten mucha energía, los hay medianos y los hay pequeños.

Taa.- ¿Y como se conectan entre si?

TM.- Las personas, tienen órganos importantes, ¿no?

Taa.- Si, claro.

TM.- Pues estos órganos tienen su contrapartida en el mundo invisible. Porque, en el mundo invisible el cuerpo energético es un doble del cuerpo físico.

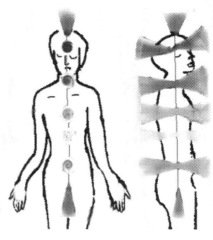

Taa.- Si, eso ya lo entendí. Hay un cuerpo físico, que se ve y unos invisibles que no se ven. Y estos invisibles son los que tienen los embudos. ¡Ay!, quiero decir los chakras.

TM.- Pues estos embudos imagínatelos largos como trompetas y que en su parte más pequeña están enganchados a una tubería.

A esta tubería principal se enganchan los chakras principales, o sea las trompetas principales. Y cuando entra la energía va hacia dentro y fluye por la tubería.

Cuando sale, pasa por la tubería y sale por la trompeta.

Lo interesante es que todo esté sincronizado... cuando entra energía, que entre por todos los sitios a la vez y que fluya por todo el organismo.

Taa.- A ver cuéntame eso de que "fluya por todo el organismo".

TM.- Pues, imagínate que por las trompetas entra la energía.

Taa.- Si, hasta aquí llego.

TM.- Pues luego hay una distribución, una red, que lleva la energía por una serie de canales, por un entramado en forma de red, por todo el organismo.
A esos canales les llaman "nadis".

Y luego, de todo el organismo se liberan los desechos a través de las trompetas, otra vez.

Taa.- Vale, entonces, entra
la energía por todas las
trompetas, pasa por las
tuberías y va por la red
energética... a todos los puntos
por donde ésta fluye.

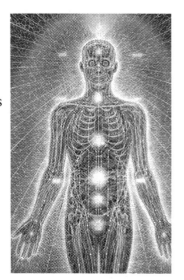

TM.- Por todas las terminales
que precisen energía.

Taa.- Vale... y luego la energía
sucia sale por esos conductos.

TM.- Exactamente.

Taa.- Ah... por eso dices que si estas en un lugar con
energías lindas, eso es lo que llevas a tu cuerpo y si estas en
un lugar contaminado... eso es lo que metes allá.

TM.- Y luego de llevar la energía limpia, la sucia es la que
sale... o también el exceso de energía.

Taa.- ¿Porque gastas la energía para hacer cosas?

TM.- Si, claro.

Taa.- Ya entendí.

Entonces las personas que ponen las manos para sanar...
¿están dando la energía sobrante o la sucia?

TM.- Esto es diferente. Cuando una persona quiere dar
energía positiva, se abren las trompetas a otras cualidades.

Taa.- Ya me perdí.

TM.- Lo importante es la intención. Si tu solo pones las manos les das tu calor. Si tú pones la intención de ayudar, estas absorbiendo el tipo de energía que te permite hacerlo. Y si pides una energía especial, tus trompetas buscan esa energía hasta que la encuentran y la emiten.

Taa.- ¿En estos casos tú eres un canal?

TM.- Si, pero tienes que hacerlo de forma muy clara.

Taa.- ¿Cómo?

TM.- Quiero decir que lo tienes que tener claro. No se puede jugar con estas energías.

Taa.- O sea, yo quiero ayudar en la sanación de una persona. Entonces pido energía de sanación y mis trompetas buscan estas energías y las emiten. ¿Es eso?

TM.- Algo así.

Taa.- Ah… ya entendí.

TM.- También es importante que tus trompetas estén bien. Estén perfectas.

Es decir, pueden tener fisuras, grietas, estar aplastadas, o el lugar donde se unen a la cañería estar deformado o enchufado a otros lugares.

Taa.- No entiendo.

TM.- Hablaríamos de posibles deformaciones en tres lugares: en la trompeta, en la unión y en la cañería en si.

Si alguna de estas cosas no está bien… hay que ponerse manos a la obra y arreglarla.

Taa.- ¿Y eso cómo se hace?

TM.- Bueno, o acudes a un experto que lo haga o trabajas en la remodelación de estos elementos.

Taa.- ¿Y cómo lo puedo hacer?

TM.- Por ejemplo en meditación. Te relajas y les pides a tus ángeles que te ayuden e intentas imaginar tus trompetas y que las estas arreglando.

Taa.- Y los ángeles… ¿Qué hacen en estos casos?

TM.- Los ángeles están aquí para ayudarte en tu plan de vida… ¿recuerdas que hablamos del "plan de vida"?

Taa.- Si si si si

TM.- Pues ellos te dan consejos, te guían, te apoyan…. Te iluminan y te dan claridad, siempre y cuando esto esté en tu programa.

Taa.- ¿Y si no está en mi programa?

TM.- Claro, ahí esta la cosa. Si tu pusiste en tu programa condiciones a tus ángeles…

Taa.- ¿Cómo condiciones?

TM.- Pues a lo mejor tienes una cláusula de que ellos no te ayuden. De que tú te tienes que valer por ti mismo.

A lo mejor tienes mucha autoconfianza en que lo podrás resolver todo cuando estés aquí en la Tierra.

Taa.- Claro y luego así te va, ¿no?

TM.- Si... ja ja ja ja ja

CAPÍTULO 4

"AURAS"

Regresamos a la clase:

Susi.- ¿Que colores veis?

Amanda.- Veo azul turquesa en tus manos y amarillo en tu cabeza.

Mari.- Yo no veo nada.

Su.- No te preocupes ya iras viendo. Los ojos se tienen que acostumbrar a ver desde una nueva perspectiva.

¿Vosotras sabéis lo que es el AURA?

Am.- Pues no, la verdad. Yo solo se que veo colores.

M.- Yo tampoco.

Su.- Para entender qué es el aura pondremos el ejemplo de una bombilla, un foco de luz, habitual en nuestras casas.

La luz que emite está producida por la energía del foco.

Como vosotros sois seres energéticos, vuestra energía también produce una luz que llega a una distancia determinada.

Si los cuerpos de Luz son de poca potencia, llegan a poca distancia. En la medida en que son más potentes, la distancia de su alcance es mayor.

Am.- Ah, ¿si?

Su.- Exacto.

Por eso tenemos diferentes auras según el vehiculo que las emita.

Tú tienes varios vehículos energéticos. Uno es el doble etérico. Que esta pegado a tu cuerpo. Es la luz que emite tu cuerpo físico, en su contrapartida invisible, o sea etérica.

Am.- Y éste ¿a que lejanía llega?

Su.- Llega muy cerca del cuerpo físico, generalmente a unos 3 o 4 dedos alrededor del cuerpo. Es de un color gris o azulado.

Su.- Después tenéis otro vehiculo que es el emocional. Este también es igual que el físico, pero es el mundo de las emociones.
En este se manifiestan los colores que ves.

Se irradia hasta una distancia de medio metro alrededor del cuerpo, aproximadamente.

Am.- Entonces ¿los colores que veía son del vehiculo emocional?

Su.- Si, en este aura ves como está la persona... según el color puedes observar la intensidad de sus emociones.

Si los colores son vivos, las emociones son intensas y si están apagados ya te puedes imaginar.

M.- Si, claro.

Su.- Después está el vehiculo mental.

Ésta aura llega a un metro, aproximadamente. Puede que un poco mas. Depende de la emisión mental de las personas.

Am.- Yo he oído hablar de la cámara kirlian... ¿eso qué es?

Su.- Es una forma de fotografiar la energía que emiten las personas.

Yo tengo una cámara especial y os puedo hacer una foto. ¿Queréis?

Am.- Si, si.

M.- Si, claro.

Su.- Poneros aquí, que os hago la foto.

Listo. Ya podemos analizarlo.

Mira, tu Mari tienes mas colores verdes y azules, tienes un azul clarito en la cabeza y en los hombros.

Estos colores indican que estas relajada y tranquila. También dicen que eres una persona con gran fuerza interior y profunda espiritualidad.

Tu Amanda, tienes mas amarillo. Tu mente esta dándole vueltas a las cosas. Estas más preocupada. Se te ve más vital.

El aura de tu vehiculo mental es muy poderosa y por eso se ve tan grande.

Am.- Que bonito... Así lo veo yo en las personas.

M.- Si, es muy lindo.

Su.- Ayer estuvimos en una conferencia que dio Fabri y de repente vi un aura completamente redonda y de un amarillo muy vivo, alrededor de su cabeza.

Am.- ¿Es la de su vehiculo mental?

Su.- Si, pero me extrañó la forma que tenia, porque parecía totalmente la aureola que le pintan a los santos.

M.- Caramba, ¿esto es posible?

Su.- Pues eso parece. Yo no veo siempre y en todo momento las auras de las personas, pero esta vez la vi tan perfecta y tan clara, que me volví a mirar a todo el mundo ya que pensé que todos la estaban viendo.

Y eso que aun no había comenzado la conferencia.

M.- ¿Y eso?

Su.- Yo no tengo todas las respuestas. Pero intuyo que era el aura de un vehiculo mental superior suyo, que seguramente era el que habló en la conferencia. Además seguro que así estuvo irradiando Luz a todas las personas que acudieron a la charla.

Am.- Y ¿de qué era la conferencia?, ¿de qué hablaba?

Su.- Fabri es un experto en explicar los temas que están en el Libro de Urantia. ¿Lo conocéis?

Am.- Yo no

M.- Ni yo.

CAPÍTULO 5

"EL LIBRO DE URANTIA"

Su.- Para conocerlo un poco os doy un escrito que tengo de Wikipedia, que lo podéis encontrar en esta dirección:

http://es.wikipedia.org/wiki/Libro_de_Urantia

El Libro de Urantia (LU) es una obra espiritual, teológica y filosófica acerca de Dios, la ciencia, la religión, la filosofía y el destino. Fue escrita entre 1922 y 1939 y publicada por primera vez en Estados Unidos en 1955; se desconoce su autor o autores, aunque el texto dice haber sido escrito directamente por criaturas celestiales o sobrehumanas (que ocasionalmente hablan en primera persona al final de algunos documentos) empleando un ser humano dormido como modo de transmisión.

Origen del libro de Urantia

La palabra "Urantia" es originaria de *El Libro de Urantia*, y es el nombre que en él se da al planeta Tierra. "Urantiano" es así sinónimo de Terrícola. Algunas veces se utiliza este término para referirse a un lector del libro o a algún movimiento inspirado en él.

El *Libro de Urantia* fue publicado sin nombre de autor. Martin Gardner ha demostrado que el "recopilador" de la información plasmada en *El Libro de Urantia* fue el Dr. William Sadler y su familia, quien en 1923 coordinaba un grupo de ex-pacientes que se transformó en la comisión de contacto que recibió la revelación.

La "Fundación Urantia", formada a partir de este grupo de contacto, publicó *El Libro de Urantia* por primera vez en 1955 en Estados Unidos, en idioma inglés, y desde entonces el libro se ha traducido al alemán, coreano, español, estonio, finés, francés, holandés, húngaro, italiano, lituano, polaco, portugués, ruso y sueco y están en marcha las traducciones al chino, japonés y parsi (persa). En el 2001 la Fundación perdió los derechos de autor de la versión inglesa por una decisión judicial, por lo que el texto original de la versión inglesa es desde entonces de dominio público. Copias completas del libro se encuentran disponibles en Internet en formato digital, en todos los idiomas cuyas traducciones ya se han completado. La publicación, traducción y defensa del *copyright* de las traducciones corresponde aún a la Fundación Urantia con sede en Chicago (Illinois, Estados Unidos).

La traducción al español del año 1995 fue realizada (a diferencia de todas las otras traducciones) por una empresa de traducción de la ciudad de Nueva York que se dedicaba a traducciones comerciales. El producto de esa traducción es un texto difícil de leer, con una sintaxis no natural y con perlas negras como "diecicinco" en vez de "quince". En el año 1999 se reeditó con la parte IV retraducida por completo y con las otras tres partes retocadas para evitar errores de traducción notorios. En 2009 se publicó la edición en español europeo, totalmente retraducida del original en inglés.

En la actualidad existe una "Asociación Internacional Urantia" (AIU), una entidad destinada a coordinar los grupos de lectores alrededor del mundo. Existe además la "Fraternidad de Urantia" (*Urantia Fellowship*), una organización independiente de la Fundación Urantia que también fomenta el intercambio entre grupos de lectores.

Revelación

El *Libro de Urantia* declara ser una revelación celestial, más exactamente la quinta revelación que marca una época en la historia del planeta.

- La primera revelación fue hace medio millón de años, cuando aparecieron las seis razas de color y el Príncipe Planetario Caligastia fundó una ciudad en medio oriente -llamada Dalamatia- con el propósito de ayudar a convertir al hombre de cazador a labriego. Durante trescientos mil años funcionó perfectamente, pero con la rebelión de Lucifer y la adhesión de Caligastia a su causa el plan se interrumpió y muchos de los avances sociales logrados se revirtieron por la confusión posterior.
- La segunda revelación tuvo lugar hace treinta y siete mil años, cuando Adán y Eva llegaron a Urantia en una zona llamada Ehden (actualmente en el Norte del Líbano) con la misión de mejorar la calidad genética de las razas humanas a través del cruce de éstas con su progenie. Esto no llegó a concretarse porque pocos siglos después de su llegada (cuando su progenie aún no llegaba al millón de individuos) Eva cayó en el error de procrear con un humano, contraviniendo la indicación divina de que sólo su progenie podía proceder de esa manera. Este

error de Eva y la decisión incondicional de Adán de acompañar a su consorte en cualquier destino que le correspondiera por su error hicieron que ambos perdieran su condición de inmortalidad y que poco más de un siglo a partir de la falta murieran de vejez.

* La tercera revelación fue realizada por Maquiventa Melkisedek, que se presentó en Palestina hace unos cuatro mil años con el propósito de mantener vivo el monoteísmo (que iba en franco retroceso en todo el planeta) y pactó con Abraham que si él y su descendencia mantenían la fe en un dios monoteísta, de su pueblo nacería un enviado de las alturas.

* La cuarta revelación la hizo Jesús de Nazareth con el doble propósito de revelar la personalidad de Dios al hombre actuando en cada ocasión como habría actuado Dios mismo de haber estado allí y de revelar al universo la personalidad de una criatura humana consagrada a cumplir la voluntad de Dios.

* La quinta revelación es el *Libro de Urantia*

Contenido

Visión general

El libro se divide en un prólogo y cuatro partes:

* **Prólogo**

Descripción detallada de los términos y conceptos que se emplearán a lo largo del libro; algunos conceptos necesitan una definición completa por ser originarios del *Libro de Urantia* (p.ej.: absonito, trioidad, Majestón, etc.)

- **Parte I: El universo central y los superuniversos**

En esta primera parte se describe a Dios, la trinidad, las personalidades más elevadas de la administración universal, la isla del paraíso, el universo central de Havona y los superuniversos.

- **Parte II: El universo local**

Se describe la formación y creación del universo local y de sus habitantes, la implantación de vida, los adanes y evas planetarios, la rebelión de Lucifer.

- **Parte III: La historia de Urantia**

Describe la historia del planeta tierra desde antes de que se formara el sistema solar hasta la época de Jesús de Nazareth, incluye un análisis geológico, sociológico y cultural de la evolución.

- **Parte IV: La vida y las enseñanzas de Jesús**

Relato de la vida de Jesús de Nazareth desde antes de nacer hasta después de morir, año por año. Este relato ocupa un tercio del total de páginas del libro y es la razón central del relato; las tres partes anteriores conforman el marco conceptual donde debe ser interpretada la vida de Jesús.

Contenido teológico y cosmológico

El Libro de Urantia declara la existencia de un Dios trino, personal, autoconsciente y volitivo que es creador y sostenedor del Universo y está motivado -en la relación con sus criaturas- primordialmente por el Amor (definido como "el deseo de hacer el bien a los demás").

Por ello declara que en lo que respecta a las criaturas del universo, Dios es ante todo un Padre. Si bien tiene semejanzas con el cristianismo, no es una extensión ni una escisión de él. Presenta una nueva perspectiva de los dogmas de la trinidad y la divinidad de Jesús de Nazareth pero niega rotundamente otros como la virginidad de María, su inmaculada concepción, la doctrina de la expiación, el infierno, el purgatorio y la resurrección de la carne

Describe al universo como centrado en la "Isla Eterna del Paraíso", punto focal y morada eterna de la deidad. Informa sobre la existencia de un universo central, llamado "Havona", que envuelve a la Isla del Paraíso formado por mil millones de mundos organizados en siete niveles concéntricos. Tanto el Paraíso como Havona son co-eternos con la deidad, así como todos los habitantes nativos de ese universo central, los trascendentales.

En torno a este universo central giran siete supercreaciones del tiempo y el espacio, los siete superuniversos en proceso de creación y evolución. Cada superuniverso se organiza en diez sectores mayores, cada sector mayor en cien sectores menores, cada sector menor en cien universos locales, cada universo local en cien constelaciones, cada constelación en mil sistemas locales y cada sistema a su vez es integrado por hasta mil planetas habitados.

Urantia es el planeta 606 del sistema de Satania en la constelación de Norlatiadek del universo local de Nebadón.

Nebadón es un universo local del sector menor de Ensa en el sector mayor Splandón en el séptimo superuniverso, Orvontón.

Los siete superuniversos son creados a imagen de una de las posibles combinaciones de la trinidad, Padre, Hijo, Espíritu, Padre-Hijo, Padre-Espíritu, Hijo-Espíritu y Padre-Hijo-Espíritu y en cada uno de ellos se desarrolla primordialmente uno de los siete propósitos de la deidad, de los cuales el libro únicamente revela el desarrollado en nuestro superuniverso: la elevación de las criaturas humanas desde el nivel material de existencia hasta el nivel espiritual.

Más allá de los siete superuniversos existen los llamados niveles del espacio exterior, donde se está acumulando y organizando materia pero donde aún no hay vida. Cada nivel es notoriamente mayor que el anterior en extensión y potencialidad de materia contenida.

La elevación y espiritualización de la criatura material es el propósito primordial de nuestro superuniverso y es el tema central de la revelación de Urantia.

El *Libro de Urantia* sostiene que cada ser humano en este planeta cuya mente sea normal -esto es que sea capaz de decisión moral- y haya cumplido los seis años de edad, está habitado por un fragmento absoluto cualificado del Padre Universal.

Dios mismo reside en la mente de cada persona compartiendo todos sus pensamientos, sentimientos, alegrías, tristezas, temores y ansiedades como guía inspiradora de la personalidad, pero actúa únicamente cuando la criatura -haciendo uso de su libre albedrío- busca esa guía. Este fragmento residente realiza una copia de toda experiencia de la criatura que sea de valor espiritual y la mantiene para que sea parte integral de la criatura al despertar tras la muerte física.

Define el pecado como la oposición consciente y volitiva a la voluntad del padre y "la voluntad del padre" es -tal como es capaz de percibirla el ser humano- la suma de los más altos ideales; por ello vivir buscando hacer la voluntad de Dios es equivalente a esforzarse por vivir cada vez más en armonía con los más altos ideales de cada uno. La remisión de los pecados debe entenderse como el restablecimiento de las relaciones leales entre la criatura y su creador.

El *Libro de Urantia* augura un camino muy largo de perfeccionamiento y espiritualización para transformar a la criatura material en un espíritu exaltado, más de quinientos niveles pre-espirituales y mil millones de escalas en el camino espiritual antes de alcanzar al Padre; pero una vez alcanzado la criatura material se habrá convertido en la única criatura del universo que conoce todos los posibles niveles de existencia por experiencia vivencial propia.

El libro incluye temas como historia, sociología, paleontología, arqueología, evolución y otros muchos que hacen al marco conceptual total del libro. Sostiene la existencia de una vastísima organización universal creada en gran parte para fomentar la evolución de las criaturas materiales hasta el nivel de perfección paradisíaca, basando fundamentalmente esa evolución en la experiencia personal de la criatura.

CAPÍTULO 6

"MENTES LIMITADAS"

Comentando sobre el Libro de Urantia:

Am.- Caramba... Parece un libro impresionante.

Su.- Si, lo es... Es tremendo.

M.- Y ¿todo lo que dice es verdad?

Su.- Yo eso no lo se.

Lo que si se, es que los Seres de Luz intentan abrir nuestra mente a otras posibilidades dentro del cosmos.

Am.- Y ¿eso como lo hacen?

Su.- Pues precisamente, recibir este tipo de información, conocerla, comprenderla y cuestionarla, hace que nuestro cerebro abra una parte dormida y piense en otras cosas que no son solo comer y dormir, o tener dinero para esto o aquello.

Am.- ¿Hacen que la persona **"despierte"** a este otro mundo?

Su.- Exactamente. La persona piensa, abre su mente a otras posibilidades y hay otras neuronas en el cerebro que se ponen en funcionamiento gracias a estas teorías, ciertas o no.

Am.- Ahhhh

Su.- También hay que comprender que los Seres de Luz mandan los mensajes en cada época para las mentes de esa época... si esta escrito en 1922 la gente tenia unos conceptos y forma de ver la vida distintas a las que tenemos ahora.

M.- ¿Si lo revelaran ahora seria distinto?

Su.- Seguramente. Usarían conceptos y formas de expresión para esta época actual.

Para los Seres de Luz también es muy difícil expresar unos conocimientos tan grandes a unas mentes tan diminutas como las nuestras.

M.- Ahhhh

Su.- Cuando salgamos de estos cuerpos seguramente comprenderemos las cosas de otra manera. Estas mentes son muy limitadas.

Así que no es tan importante si es verdad todo, o en parte, o es mentira, sino lo que nos produce, las ganas de ampliar nuestros conocimientos, de pensar en un cosmos distinto, lleno de entidades y formas que ni siquiera podemos imaginar.

M.- Caramba.

Su.- Por ejemplo, y siguiendo con el tema de las auras, este verano vi dos auras que me extrañaron muchísimo.

A dos personas: a Fabri y a Pablo, estando de vacaciones les vi un aura alrededor de la cabeza, con los colores del arco iris. Tenían un pequeño arco iris en su cabeza.

Curiosamente tenían una parte en su lado derecho que no estaba terminada, es decir, el arco iris no estaba completo, en un lateral estaba en forma de ondas, incompleto.

Me imagino que esta indicando que al vehiculo que produce esta aureola, le falta algo por terminar.

Bueno, poco a poco lo iré investigando a ver que significa.

Am.- Gracias Susi, ¿nos vemos otro día?... Me gustaría mucho seguir aprendiendo. Me ha gustado mucho lo que he aprendido hoy.

Su.- Si, seguiremos las clases.

Un abrazo a las dos.

Am.- Adiós…

M.- Adiós.

CAPÍTULO 7

"COLABORACIÓN"

En otra dimensión:

ABBANDIR.- Hola Teje-Má,
¿como estas?

Teje-Má.- Cuanto tiempo
sin verte ABBANDIR, ¿qué
te cuentas?

Abb.- Estoy con mi
cuerpo-base, que se llama
Amanda y por aquí anda
LUSENDA, otro elohim,
que tiene su cuerpo-base
que se llama Mari. ¿Te acuerdas de nosotros?

TM.- Si claro, sois de mi clase en las esferas. ¿Y que haces
por aquí?

Abb.- He venido para que tu cuerpo-base o sea Susi, le
enseñe al mío lo básico para comprender todo lo que
ocurre en otras dimensiones y sobre todo para que me
escuche, para que nos comuniquemos.

¿Tú crees que podrás ayudarme?

TM.- Espero que si.

Abb.- Necesito que me ayudes. Ya hace tiempo que sé que mi cuerpo-base y yo tenemos que comunicarnos y aun no he encontrado la forma de hacerlo.

Ya estamos en una etapa final de la Tierra y necesito poder manejar yo mi cuerpo-base para poder hacer mi tarea.

TM.- Y ¿cual es tu tarea?

Abb.- Tendré que hablar con la gente, contarles cosas de otras dimensiones, pero si no se las hago entender primero a mi cuerpo-base, la cuestión va a ser difícil.

TM.- Y los ángeles, los guías ¿no te pueden ayudar?

Abb.- Pues ese es un buen tema. Los guías están en cuarta dimensión y yo estoy mas allá de la doceava, necesito crear los diferentes canales de conexión porque desde este plano no puedo.

Hazme el favor de contarle a mi cuerpo-base lo que necesite saber para que nos podamos conectar.

Me imagino que habrán venido otros elohims a pedirte lo mismo ¿no?

TM.- Bueno, alguno hay. Por eso estoy escribiendo unos Cuadernos, para que más humanos se enteren de nuestra existencia.

Oye, ¿sabes que estamos teniendo ayuda desde Sirio?

Tenemos un instructor que ahora pertenece al Consejo de Ancianos, pero su destino es ser el Presidente del Consejo Kármico.

Abb.- ¡Ostras!!!... ¡que buena ayuda!

Y ¿el es un elohim como nosotros?

TM.- Si claro, pero de cuarto nivel. Esta súper adelantadísimo. Ya sabes que nosotros somos "nenes elohims", que estamos en fase de crecimiento a través del aprendizaje.

Abb.- Si ya se.

Entonces me vas a ayudar ¿si?

TM.- Claro.

Abb.- Y una pregunta... ¿como es que tu si puedes comunicar con tu cuerpo-base y hablar a los humanos a través de él, cuando te canaliza?

Esto es muy bueno porque así la gente no sabe que quien habla eres tú, se creen que es Susi

TM.- Si claro. Pero tengo que ir con mucho cuidado. Mi energía es muy fuerte.

Abb.- Y ¿como lo haces?

TM.- Me he creado unos *"vehículos de conexión"*.

Los he ido colocando entre Presencias, para que se puedan conectar entre sí.

Abb.- ¿Y a que le llamas tu: *"Presencia"*?

TM.- Ahhh vale, vale.

Tú no sabes estos conceptos.

Cuando estas experimentando en un lugar, imagínate que llenas una caja de la energía que produce la experiencia.

A esa caja nos la imaginamos con una forma humana y la llamamos Presencia, Yo Superior, Yo Soy y cosas así.

Abb.- Nunca había oído estos conceptos.

TM.- Claro, porque no es como lo nombramos en nuestra dimensión.

Abb.- Bueno, ¿como me puedes ayudar?

TM.- Esta bien.

Cuando vuelvan a ir a clase, mi cuerpo-base les hablará del concepto de Presencia.

Abb.- Y ¿que tienen que hacer entonces?

TM.- Entonces tienen que empezar con los permisos.

Tienen que invocar a su Presencia y pedir que ésta confeccione el "vehiculo de conexión".

Abb.- Y entonces... ¿qué pasará?

TM.- Pues pasará que la Presencia, lo confeccionará.

Abb.- Hombre, pues... ¿qué es, realmente, esa Presencia?

¿Una confeccionadora de vehículos?

Jajajaja

TM.- No, lo que pasa es que llega un momento que lo consideramos una entidad y como tal tiene una serie de capacidades, aunque no deja de ser un traje.

Abb.- Un traje, ¿de que dimensión?

TM.- Bueno, como la primera Presencia es la planetaria, tiene las experiencias y la energía acumuladas en este planeta.

Hay que encarnar muchas veces y experimentar en este planeta para tener la energía suficiente.
Si no es así, aunque la invocaran, invocarían a la **nada** realmente.

Abb.- Vale, entonces ¿solo los seres descendentes tienen Presencia?

TM.- No, claro que no.

Tienen Presencia los que han vivido muchas vidas en la Tierra y han aprovechado el tiempo para aprender, experimentar y estas experiencias las han llevado a su Presencia.

¿Aun no lo has entendido?

Abb.- Pues es un poco complicado.

TM.- Mira. Tú haces vidas como cuerpo humano y con las experiencias confeccionas una Presencia, ¿hasta aquí lo entiendes?

Abb.- Si, si, si claro.

TM.- Pues cuando terminas cada vida, ya tienes una acumulación de experiencia.
Y eso te lo vas llevando.
Cuando vas a otro planeta ya no te sirven los cuerpos de éste, así que te confeccionas otros y la experiencia la vas metiendo en esa Presencia de ese otro planeta.

Cuando has vivido en muchos planetas, tienes una acumulación de presencias, que se van sumando y su energía va a parar a una Presencia más grande que las acumula.
Aquí donde estamos ésta seria la "Presencia Solar".

Y cuando has estado en varios sistemas solares, las sumas y tienes la de un sistema.
Y así vas subiendo.

Abb.- Entonces, ¿cuando regresemos a las esferas tendremos tropocientas presencias?

TM.- Así es.

Abb.- Caramba.

Y todo eso ¿donde ira a parar? no quiero llevar tanta carga.

TM.- Bueno, pero así no es la cuestión.
Cuando se acumulan en una Presencia mayor, las anteriores quedan asimiladas a ésta.
Y así por ejemplo tienes la "Presencia de Sirio" que es una acumulación de 28 presencias, la de los 28 grandes sistemas que administra Sirio.

Abb.- O sea que solo ves la de Sirio, pero en realidad son 28.

TM.- Si, ¿qué te parece?

Abb.- Caramba. Una buena síntesis.

TM.- Si, claro.

Abb.- ¿Y luego?

TM.- Luego van las de otras galaxias, en caso de que te manden a ellas.

Y al final tienes una **"Gran Presencia de todo el Universo"**, que es la suma de las presencias que has ido confeccionando en el universo.

Abb.- Si pasas por varios universos ¿también se suman?

TM.- Si, pero creo que eso vendrá en el curso que viene. Que para éste solo nos dejan estar en un universo y ya es bastante.

Porque hay mucho que aprender aquí y mucho sitio para hacerlo.

Abb.- Pero este universo es bastante uniforme, tiene cosas muy parecidas, los planetas son parecidos, las dimensiones también, las leyes que los rigen… etc.

TM.- Si, eso parece.

Abb.- Entonces ¿qué pasa? ¿Tenemos que aprender todo el rato lo mismo?

TM.- Pues parece que nos han traído a este universo precisamente por eso.

Abb.- ¿Porque es un universo joven, reciente y aquí nosotros estamos en una frecuencia parecida porque somos jóvenes y recientes? jajajaja

TM.- Jajajaja

Abb.- Bueno, me vas a ayudar ¿verdad?

TM.- Claro colega faltaría más.

Cuando vengas el próximo día a clase con Susi, yo me meto en mi cuerpo-base y a través de él, le enseño al tuyo como ir acelerando el proceso para que llegue a comunicarse contigo.

Abb.- Oye y para hacerlo ¿hay que crear muchos vehículos de conexión?

Porque hasta que llegue a mi, hay muchos vehículos...

Espera que haga memoria... la Presencia de la Tierra, la solar, la siriana, la de este universo, la del superuniverso, y creo que ya soy yo el que sigue, ¿no?

TM.- Si, ya ves que son unos cuantos vehículos de conexión que se tendrán que hacer.
Así que no te creas que esto vaya a ser en dos días.

Pero tú puedes observar todo el proceso desde tu dimensión, aunque solo podrás estar de observador hasta que todo esto se confeccione.

Para hacerlo, Amanda primero tendrá que tomar conciencia de un vehículo superior a ella y luego del siguiente y así poco a poco, porque si vamos muy deprisa, a veces se produce el efecto rebote.

Abb.- ¿Y eso qué es?

TM.- Pues que recibe demasiada información y le parece todo tan imposible que acaba por no creerse nada de lo que le cuenten.

Al final se cierra en banda y no quiere ni oír hablar del tema.

O si precipitamos acontecimientos, su mente es muy delicada y ahora esta abierta a la sensibilidad, se puede trastocar y entrar en un espacio de locura.

Aparte que, como el mundo que la rodea, el llamado normal, no entiende nada, no la comprende, se cree única en esa situación y no puede hablarlo con nadie y las cosas son más difíciles todavía.
Se cree que esta alucinando y acaba en tratamiento psiquiátrico y con pastillas como a muchos les ha ocurrido.

Abb.- Caramba que difícil es esto.

TM.- Si, es muy delicado, hay que ir muy despacio, poco a poco.

Abb.- ¡Si que son delicados estos cuerpos-base!.

TM.- Si, sobre todo las mentes.

Piensa que han pasado de tener un cerebro reptiliano, muy básico y sin elaboraciones mentales solo instintivas, a un cerebro mamífero más elaborado, con construcciones del pensamiento, ideas y creatividad.

Eso lo tienen que ir asimilando a lo largo de muchas vidas y muchas experiencias.

Abb.- ¿Y no saben nada de otras dimensiones?

TM.- Casi ninguno tiene acceso.

Han encarnado en el planeta en forma humana seres muy sabios de otras dimensiones con el fin de elevarles, y les dan instrucción mediante libros y algunos son poderosos canales de información de lo que hay en otros planos.

Pero para eso tienen que tener ellos acceso y pasar sus tribulaciones, porque aquí si no eres como los demás, no te comprenden, como es lógico.

Abb.- Así que ¿hay que seguir unas pautas marcadas?

TM.- Actualmente las cosas están cambiando, los cerebros empiezan a flexibilizarse preparándose para un nuevo cambio.

Abb.- ¿El código genético tiene algo que ver?

TM.- Si claro, las hélices del código genético están evolucionando, hay construcciones que están activándose, preparándose para el cambio.
Y eso se nota mucho.

Abb.- Oye...mira, se acerca el otro elohim.

TM.- ¡Ah si!, es LUSENDA, hola ¿que haces aquí?

Lu.- Hola Teje-Má, tengo mi cuerpo base aquí cerca.

TM.- ¿Ah si? ¿como se llama?

Lu.- Se llama Mari y es amiga de Amanda.

TM.- Ah... estaban hace un momento las dos juntas con mi cuerpo-base.

Abb.- Si, estaban las tres.

Lu.- Escuché parte de la conversación y también te quiero pedir ayuda con mi conexión a mi cuerpo-base. Porfis, porfis.

TM.- No os preocupéis, el próximo día comenzamos esta tarea.

Vamos a dar un paseo. Aquí esta Taaron que nos acompañará.
Vámonos.

SEGUNDA PARTE

"LA BASE"

Vamos a conocer la base.

CAPÍTULO 8

"VEHÍCULOS BÁSICOS"

<u>Otro día de clase:</u>

Su.- Hola chicas... ¿cómo estáis?

Amanda y Mari responden a la vez.

¡Muy bien!!!

M.- Asimilando los conocimientos que nos vas dando.

Am.- Me parece todo muy interesante. Y es totalmente desconocido para mí.

M.- Para mí también. Y me esta gustando mucho.

Su.- Pues hoy vamos a tratar un tema básico para la tarea que tenéis en el planeta Tierra.

M.- ¿Tenemos una tarea en el planeta Tierra?

Am.- ¡No me digas! ¡Uy, que miedo!

Su.- ¿Miedo? No tenéis que tener ningún miedo, al contrario, estar contentas por haber despertado estas cualidades y avanzar con ellas en la evolución espiritual y como personas.

M.- Pero... A ver...
¿Tener despiertas estas cualidades te da una responsabilidad con respecto a la humanidad y con respecto al planeta?

Su.- Las personas despiertan estas cualidades por algún motivo. Esto es lo que hay que entender.
Si tienes estos dones, úsalos para el bien del planeta. Para el bien de la humanidad.

M.- Y esto ¿cómo se hace?

Su.- Paso a paso lo iremos viendo. Lo importante es que tenemos un objetivo enfrente y no nos vamos a desligar de ello. ¿Os parece bien?

M.- De acuerdo.

Am.- A mi me parece bien. Todo lo que sea ayudar a la humanidad y al planeta me gusta. Me parece un buen objetivo.

Su.- Bien, pues empecemos.

Hoy vamos a hablar de los Vehículos Superiores.

Para eso repasamos la clase anterior.

Os comenté que las personas estamos conformadas por vehículos que son visibles al ojo humano, como es el físico y otros invisibles humanamente.

El que es visible, está en lo que llamamos tercera dimensión.

Es el cuerpo físico. El que está compuesto de músculos, sangre, huesos y todo eso que ya conocemos.

Aparte de este hay otros vehículos invisibles al ojo humano, como ya os he dicho.
El primero es el **"doble etérico"**.

Este es un vehículo compuesto de energía, idéntico al cuerpo humano. Pero está en la siguiente dimensión, en la cuarta.

Tenéis que saber que, en general, las creaciones se conforman primero en un plano etérico, en otra dimensión y luego se manifiestan en el plano de tercera dimensión, se materializan, se manifiestan.

Estas creaciones las efectúan unas entidades llamadas devas. Deva es una palabra cuya traducción es "brillante".

Llamamos **"devas constructores"** a las entidades que se ocupan de construir.

Hay unos seres que son los seres creadores o elohims. Estos confeccionarían los planos, la base del elemento a crear. Lo crearían en su pensamiento.
Otros llevarían a cabo estas creaciones. Las construyen en su dimensión correspondiente.

A los creadores les podríamos asignar el papel de arquitectos.
Ellos tienen la idea en el plano mental de lo que hay que construir y hacen el diseño.

Luego los obreros lo construyen. Estos serian los "devas constructores". Entre unos y otros, la casa estaría hecha.

La humanidad tiene unos **patrones arquetípicos.**

Am.- ¿Y eso que es?

Su.- Cuando se pone a seres en un planeta, se tienen unos **modelos a seguir.**

En nuestro planeta, para los seres humanos, hay un modelo de hombre y uno de mujer. Estos modelos son los "*arquetipos*".

Es decir, unos patrones comunes.

M.- Pero algunos no siguen el patrón ¿verdad?

Su.- Jajajajaja… si, algunos tienen sus particularidades.

Pero eso no es lo que nos interesa.

Los arquetipos son formas básicas, luego las particularidades hay que estudiarlas por separado.

En resumen, el creador de este planeta, también ha creado unas formas que se siguen en él.

Por tanto cuando se crea un nuevo niño, se hace en base a estos arquetipos.

Primero se diseña cómo va a ser según su plan de vida. Qué cualidades y defectos va a necesitar según lo que vaya a trabajar en esta encarnación.

Cómo va a ser su aspecto físico, emocional y mental. Su personalidad.

En fin, lo que necesita para esta vida. Para su evolución.

Con estos datos se crea su patrón básico. Se elige el ADN correspondiente donde estarán todos estos detalles.

¿Se entiende?

Am.- Si, si.

M.- ¿Y luego?

Su.- Una vez los devas constructores tienen su código genético, lo demás es fácil. Se va creando el organismo célula a célula en el cuerpo de la madre.

M.- Y el niño sale según el plan.

Su.- Exactamente.

A este vehiculo energético que tiene los patrones que van a regir la vida de esta persona, se le llama el "doble etérico".

Alrededor del código genético se construye todo.

M.- Que interesante.

Su.- Este doble etérico también se alimenta y por lo tanto tiene sus bocas, sus embudos o sea los chakras. Que ya dijimos el otro día, es la forma en que se alimentan los vehículos en otras dimensiones.

Am.- Si, me acuerdo.

Su.- Bien. El siguiente que no se ve es el **"vehículo emocional"**.

El mundo de las emociones.

Este vehículo está completamente ligado al físico en sus terminaciones nerviosas y sensitivas.

Los órganos de los sentidos, la piel, todo lo que nos ayuda a sentir las emociones está ligado a este vehículo.

Tiene sus chakras como el anterior, a través de los cuales se alimenta.

Los chakras de los diferentes vehículos se van colocando uno dentro de otro. Como un embudo dentro de otro. Aunque son independientes entre si, ya que cada uno se alimenta de su mundo.

El vehiculo emocional se nutre de las emociones.

Las emociones producen fuerzas energéticas.

Si estas contento estas irradiando una energía a tu alrededor de alegría, felicidad. La gente sensible lo nota.

Am.- Y ¿los que no son sensibles?

Su.- También. Jajajajajaja

Am.- Jajajajaja

M.- Cuando mi jefe esta contento, todo va bien en la oficina. Si viene de mal humor, buenoooo… Todos nos escondemos.

Su.- Si una persona fuera capaz de ver las otras dimensiones, vería a tu jefe con nubarrones negros a su alrededor.

De hecho, a veces en los cómics lo dibujan así ¿verdad?

Como cuando una persona habla mal y le dibujan serpientes saliendo por la boca.

Jajajaja

Am.- Si. Jajajaja

M.- Seguro que a mi jefe serpientes no le faltan. A lo mejor tiene un zoológico en casa y va tirando de él a la oficina. Jajajajaja...

Am.- Jajajajaja

Su.- El vehículo emocional nos ayuda a sentir, a manifestar nuestras emociones.

Si estamos tristes o contentos.

Este vehículo invisible, también es una copia exacta del cuerpo físico. De tal manera que cuando uno se muere y la conciencia pasa a él, cree que no está muerto porque se ve igual que antes.

Está en la cuarta dimensión.

M.- Bien.

Su.- El siguiente es el **"vehículo mental"**.

De este vehiculo tenemos **uno muy básico y otro superior.**
El básico esta en la cuarta dimensión, igual que el emocional.
El superior esta a caballo entre la cuarta y la quinta dimensión.

Este último es el que nos permite acceder a planos superiores de conciencia y crear cosas maravillosas en el planeta.

Es el que inspira a la humanidad a crecer y evolucionar hacia mundos superiores porque enlaza este mundo con el siguiente.

Am.- Esto me cuesta un poco mas entenderlo.

Su.- Bueno. Vamos despacio.

El vehículo mental básico es el que nos permite construir las frases, contiene la memoria y esta basado en las neuronas que están despiertas.
Gracias a él podemos relacionarnos con las demás personas.

Nos permite entendernos a través del lenguaje, de los gestos, sonreír y comprendernos los unos a los otros.

Tanto el vehículo emocional como el mental, nos distinguen de los demás animales.

De esta manera entendemos el mundo de forma diferente.

Son los que nos han llevado a avanzar.

Los que nos hacen formar tribus, protegernos y entendernos.

El vehículo mental superior nos lleva a crear cosas bonitas, por el hecho de ser bonitas, no porque son necesarias.

Para disfrutar.

El mundo animal no entiende lo que es la sonrisa, su musculatura no esta preparada para sonreír, no sabe lo que es esa sensación (hablo en general), sus chakras son distintos, mas básicos.

Los chakras de estos vehículos en el mundo humano son más elaborados.

M.- Ahhhh... que interesante.

Am.- ¿A ver si lo he entendido?

Estoy delante de una pastelería, y yo que soy muy golosa me comería todos los pasteles.
Mi **cuerpo emocional** es el que dice... uy... que ricos deben estar todos...
Mi **cuerpo físico** genera saliva en la boca debido a este deseo.
Y mi **cuerpo mental**, que es muy controlador me recuerda que he empezado la dieta esta semana. ¿Es eso?

Su.- Lo has captado perfectamente.

M.- ¿Y que sigue?

CAPÍTULO 9

"LA PRESENCIA"

Su.- Ahora vamos a entrar en un concepto nuevo. Conoceremos un elemento llamado: "**La Presencia**".

Am.- ¿Y eso que es?

Su.- Para entender lo que es la Presencia nos tenemos que imaginar que somos una entidad, un alma si prefieres llamarlo así.

Esta alma va confeccionando cuerpos, naciendo y muriendo muchas veces, tantas como necesite para su evolución.

Cada vez que termina una vida, tiene un montón de experiencia. Esta experiencia es energía pura.

Y esta energía en algún sitio tiene que guardarse. Este cofre del tesoro es a lo que llamamos *"Presencia".*

M.- Que interesante.

Su.- Así que acumulamos energía y energía, en vidas y vidas.

Nos imaginamos que cada carga energética es una célula. Si las juntamos todas podemos formar un cuerpo.

Por tanto podemos decir que, la Presencia es un vehículo conformado por la cantidad de experiencias que hemos ido elaborando.

Am.- No me queda del todo claro.

Su.- Bueno, iremos hablando del tema y se ira aclarando.

Am.- Esta bien.

Su.- Veamos, tu tienes un vehiculo para moverte aquí en la Tierra, para hablar con la gente, para sentir emociones. Esto lo acabamos de ver.

Am.- Si, eso ya lo he entendido.

Su.- El ejemplo que has puesto de la pastelería ha sido muy claro.

Am.- Si, muy claro.

Su.- Bien, pues para moverte en dimensiones superiores necesitas un vehículo superior.

Am.- Ah, ¿si?

Su.- Si y esta Presencia lo es.

Am.- Bueno, ahora ya me he liado del todo.

Su.- Te cuento: así como tu has ido confeccionando tu cuerpo célula a célula en el vientre de tu madre, estas confeccionando experiencia a experiencia este otro cuerpo.

El que tienes ahora, el físico, te permite moverte en este planeta.

El que confeccionas célula a célula o sea experiencia a experiencia, te permitirá moverte en planos superiores donde este vehiculo es necesario.

Am.- ¿Y yo lo puedo ver? ¿Puedo ver a mi Presencia o conectar con ella?

Su.- De momento parece que no, pero no lo descartemos del todo. Seguro que lo harás mas adelante.

Así como la madre quiere ver a su bebe ya confeccionado y maduro salir de su cuerpo, tu veras a tu Presencia cuando ya esté madura.

Am.- Y ¿cuando estará madura?

Su.- Por lo que estoy viendo esta a puntito a puntito.

Am.- ¿Y en qué lo ves?

Su.- Las señales son estas cualidades que se te están despertando.

M.- Entonces yo que no veo nada ¿no la tengo a punto?

Su.- No os preocupéis, haremos unos ejercicios para conectar con este vehículo y así sabremos como esta. ¿Os parece bien?

M.- Si, claro. Perfecto.

Am.- Perfecto. Perfecto.

Su.- Bien, entonces ya hemos entendido lo que es la Presencia.
Ahora vamos a hablar del **"vehículo de conexión"**.

Am.- Uy ¿eso que es?

M.- Cuantas cosas, madre mía.

Su.- Para entender lo que es el vehículo de conexión, primero tenemos que pensar que la Presencia como os he comentado, es la suma de las energías resultantes de las experiencias de vidas y vidas.

Am.- Si, eso ya lo he entendido.

Su.- Como ésta es una sola vida, (la que estas viviendo ahora), y aun no estas muerta, o sea, que aun estas confeccionando la energía para esta vida, tu carga energética es muchísimo menor que la de la Presencia, como es lógico.

Am.- Si, si, es lógico.

Su.- Por lo tanto si esta Presencia conectara directamente con este vehiculo actual, te crearía un gran conflicto por la diferencia de voltaje.
Imagínate que tu vida, tu cuerpo, tiene un voltaje de 10 y la Presencia de mil. Por ejemplo.

M.- Si fuera así, ¡nos fundiría!

Su.- Exactamente.

Por lo tanto necesita un elemento intermediario. Un elemento al que llamaremos **transformador de energía**. Este seria el vehiculo de conexión.

Imaginaros que tuvierais vehículos en diferentes planetas. Como cada uno es distinto, necesitaríais vehículos de conexión entre el actual y cada uno de ellos.

Si lo vemos por niveles, diríamos que cada vehiculo para conectar con otro vehiculo superior a él, necesita un vehiculo de conexión.

Am.- Lógico.

M.- Claro.

Su.- En resumen que si queréis conectar con vuestras Presencias, necesitáis sendos vehículos de conexión.

Am.- Si, ya lo he entendido.

M.- Y estos vehículos de conexión ¿dónde están? ¿cómo accedemos a ellos?

Su.- Bien, pues la cuestión es que vosotras desde vuestra dimensión no los podéis crear, sino que lo hace la Presencia desde la suya.

Am.- Uy, ¿y ahora que?

Su.- Pues ahora vamos a pedírselo.

M.- Jajajajaja

Am.- ¿De que te ríes?

M.- Es que todo esto me parece ciencia ficción.

Am.- Bueno, no perdemos nada por probar, ¿no te parece?

M.- Bien, pues si. Vamos a intentarlo.

Am.- Susi, sigue, que esto se pone cada vez más interesante y difícil de creer.

Su.- Si, ya lo sé. A mi también me pasó al principio de conectar con todo este mundo, pero poco a poco me he ido acostumbrando y asimilando la situación.

Am.- ¿Y tú hablas con tu Presencia?

Su.- Bueno, lo mío es algo especial. Yo elegí una tarea muy interesante que ya os iré comentando en la medida en que vayáis comprendiendo los primeros pasos.

M.- Si, vayamos despacio. No sea que nos atragantemos.

Su.- Bien chicas. ¿Vamos a por ello?

Am.- Si, claro. ¿Qué hay que hacer?

Su.- En primer lugar sentaros muy cómodamente. Sin nada que os moleste.
Ya tenemos una vela encendida delante de cada una.

Ponéis las manos en forma de invocación (las palmas hacia arriba), y vais a repetir unas frases.

Estas frases van dirigidas a la Presencia y son una entrega de los distintos vehículos. Esto es fundamental para que la Presencia confeccione el vehiculo de conexión.

Am.- Yo estoy dispuesta.

M.- Pues adelante. ¿Qué hay que decir?

Su.- Vais a repetir unas cuantas frases, empezamos:

Dices la palabra Yo y luego pronuncias tu nombre.

"Yo, Amanda.
Como vehículo físico etérico, me entrego a mi Presencia para que se cumpla mi plan en la Tierra".

Am.- ¿Lo repetimos?

Su.- Si, si, repítelo.
Con esta frase tu parte humana, física y etérica se esta entregando a tu parte superior, dándole así permiso para trabajar en ella.

Seguimos:

"Yo, Amanda.
Como vehículo emocional, me entrego a mi Presencia para que se cumpla mi plan en la Tierra".

Repetidlo.

Con esta frase se entrega el vehiculo emocional.

Seguimos:

"Yo, Amanda.

Como vehículo mental, me entrego a mi Presencia para que se cumpla mi plan en la Tierra".

Esta frase es de entrega del vehiculo mental.

La ultima frase:

"Todos mis vehículos se entregan al Creador para que se cumpla Su Plan en la Tierra".

Con esta frase final, hemos entregado el total de nuestros vehículos al Creador y a su Plan.

Repetidlo.

Muy bien. Ya lo habéis hecho. Ahora podéis juntar las manos y relajaros.

Am.- Oye Susi. ¿Cuántas veces tenemos que repetir estas frases?

Su.- Teóricamente con una vez es suficiente, pero si os apetece lo podéis repetir mas veces.

M.- ¿Nos lo puedes dictar para que nos lo llevemos apuntado?

Su.- Pues claro que si.

Tomad nota que os lo dicto.

Acordaros que yo digo "Amanda", pero tenéis que poner vuestro propio nombre en su lugar ¿de acuerdo?

Lo dicto:

"Yo, Amanda, como vehículo físico etérico, me entrego a mi Presencia para que se cumpla mi plan en la Tierra".

"Yo, Amanda, como vehículo emocional, me entrego a mi Presencia para que se cumpla mi plan en la Tierra".

"Yo, Amanda, como vehículo mental, me entrego a mi Presencia para que se cumpla mi plan en la Tierra".

"Todos mis vehículos se entregan al Creador, para que se cumpla Su Plan en la Tierra".

Am.- ¿Y ahora qué va a pasar?

Su.- Ahora le has dado permiso a tu Presencia para que confeccione el vehículo de conexión.

M.- ¿Y esto cuánto tardará?

Su.- Suele tardar unos quince días. A veces menos, pero mejor pensar que tarda este tiempo para tener mayor seguridad.

Am.- ¿Y qué vamos a notar?

Su.- El vehiculo de conexión permite que la Presencia pase información al vehiculo actual.

Es decir, si tenéis algún tipo de dificultad, la Presencia busca información de cómo resolviste adecuadamente esta situación en otras vidas.

Os transmite la información para que lo resolváis más rápidamente y de forma más eficaz.

Am.- Oye, esto me gusta.

M.- Si, se pone cada vez más interesante.

Am.- Gracias por la clase de hoy.

M.- Adiossss

Su.- Adiós, hasta el próximo día.

CAPÍTULO 10

"HAY PRISA"

<u>En otra dimensión:</u>

Teje-Má.- ¿Qué te ha parecido la clase, ABBANDIR?

Abb.- Pues… A ver qué pasa.

TM.- No te veo muy convencido.

Abb.- Es que lo veo todo muy lento. Y yo tengo prisa.

TM.- Jajajajajaja

Abb.- No te rías. Hay muchos acontecimientos que se están preparando y yo necesito controlar mi cuerpo-base.

TM.- Si, claro. Ya me lo imagino.

Quieres hacer tú la tarea y no que la haga Amanda.

Abb.- Bueno, al fin y al cabo Amanda es un vehiculo mío. El más inferior que tengo, el más denso.

Y si no conecto con ella, no se lo que va a hacer la pobre en las situaciones que se van a presentar. Ni ella ni yo cumpliremos la tarea.

Ella se va a asustar y por lo tanto su emocional estará ocupando todo el espacio y no me va a dejar sitio para mí.

TM.- Si, es lo que pasa cuando se asustan, aunque ahora el vehículo superior a ella, empezará la tarea y pronto estarán comunicados.

Abb.- Si, pero luego hay que confeccionar todas las conexiones necesarias hasta llegar a mi. Eso parece que va para largo.

TM.- Nooo…. Mira, no lo calcules en tiempo de la Tierra. Acuérdate que nosotros tenemos otra forma de medir el tiempo.

Tú abres y cierras los ojos y en la Tierra han pasado 100 años, por lo menos.

Abb.- Caramba. Yo con eso no contaba.

TM.- Pues entonces tranquilízate y sigue observando hasta que te toque controlar el vehiculo mas denso, o sea a Amanda.

Abb.- Es que estoy de un nervioso.

TM.- Claro porque no controlas el tiempo de la Tierra, ni la confección de vehículos ni na de na…

Pero… ¿Qué te pasa?

¿Ya no te acuerdas de las clases teóricas? ¿No te acuerdas de lo que aprendimos en nuestras esferas de origen?

Abb.- Es que estamos tan lejos.

Sabes, estoy un poco añorado de nuestro lugar de origen.

TM.- Eso es porque no te diviertes. Yo me lo paso muy bien observando mis cuerpos. Todo lo que hacen y como lo hacen. Intento aprender y experimentar a través de ellos.

Tú observa y aprende y sobre todo, tómatelo con alegría y buen humor. Nunca lo pierdas.

Abb.- Esta bien, trabajaré la paciencia, la alegría y el buen humor.

Y ahora me voy a observar cómo la Presencia confecciona el vehículo que le permitirá conectar con el cuerpo-base.

TM.- Ánimo. Ya veras que cuando menos te lo pienses volvemos a estar en casa.

Abb.- Si, y llegaremos a casa con muchas experiencias ¿verdad?

TM.- Uy, ¡ni te lo puedes imaginar!

Abb.- ¡Hasta luego!

TM.- ¡Hasta luego!

◊◊◊◊◊◊◊◊◊◊◊◊◊◊◊◊◊◊◊◊◊◊◊◊◊◊◊◊◊◊◊◊◊◊◊◊◊◊

TERCERA PARTE

"PREMISAS BÁSICAS"

Las "Premisas Básicas" son las frases que nos conectan con nuestro "Yo Superior".

CAPÍTULO 11

"EL MUDRA"

Otro día de clase:

Su.- Hola ¿Cómo estáis?

Am y M.- Bien.

Su.- Hoy vamos a conocer las "Premisas Básicas".

Am.- ¿Y eso qué es?

Su.- Las Premisas Básicas son unas frases que vamos a decir siempre que vayamos a hacer un ejercicio.

Am.- ¿Ah, si? ¿Y porqué?

Su.- Estas frases nos permiten sintonizar con nuestro vehículo superior, le cede el mando de los vehículos inferiores.

Así el vehiculo superior es quien hace el trabajo.

Los inferiores, simplemente permiten que lo haga o lo hacen juntos.

Am.- Caramba.

Su.- Bien, Tomad nota en vuestros cuadernos. Poned el título: Premisas Básicas, y ahora os voy a ir dictando las frases y explicándolas. Luego, solo os las dictaré para que las tengáis todas juntitas.

M.- Ah, vale.

Su.- Lo primero que vamos a hacer es un mudra.

Am.- ¿Un mudra? ¿Qué es eso?

Su.- Los mudras son gestos que se hacen con las manos y que permiten que se abran o se cierren determinados canales energéticos.
Este tema de los mudras no lo vamos a tocar en profundidad, si queréis mas información podéis buscar libros o en Google, y allí os la ampliaran.

Am.- Muy bien.

Su.- El mudra que vamos a hacer, es la unión del dedo índice y el dedo pulgar de la mano izquierda.

Am.- ¿Solo una mano?, ¿solo la izquierda?

Su.- Si.
Haremos este gesto con la mano izquierda y le llamaremos mudra de abrir.

Repito: **"mudra de abrir"**.

Lo llamamos así porque es el mudra que vamos a usar al abrir, o sea cuando comenzamos el ejercicio.

Am.- Vale, abrir el mudra

Su.- No, cuidado. No es abrir el mudra, sino mudra de abrir.

Esto a veces nos confunde, pero hay que tener claro cual es la frase, **cada frase es un código y viene cargada con una energía**.

M.- Bien, entonces. "Mudra de abrir".

Su.- Si, decimos: Hacemos el mudra de abrir el ejercicio.

Am.- Bien. Entonces, uno el índice y el pulgar de la mano izquierda.

M.- ¿Y tengo que decir la frase, hacemos el mudra de abrir el ejercicio?

Su.- No, no hace falta decirlo, solo hacer el gesto.

La mano la ponemos en reposo, no hace falta ponerla en alguna postura distinta de la natural.

Aquí la ponéis sobre la mesa o sobre el regazo, en una posición cómoda.

Si la ponéis de otra forma, es porque os apetece hacerlo, no porque sea obligatorio. ¿Se entiende?

Am y M.- Si, si, claro.

Su.- La mano con la unión del índice y el pulgar y de una forma relajada y tranquila.

M.- De acuerdo.

Su.- Bien.

Am.- ¿Está bien así?

Su.- Perfecto. Este mudra tiene unas características especiales.

Le vamos a dar un código especial. Va a ser que cuando hacemos este gesto será como un "ábrete sésamo".

Am.- No entiendo.

Su.- Cada vez que digamos las Premisas Básicas, haremos este mudra. Uniremos el índice y el pulgar de la mano izquierda.

Este gesto y las Premisas Básicas van a ir unidos siempre, de tal manera que se va a acomodar el gesto a ellas y así cuando hagamos el mudra quedaran incorporadas las Premisas Básicas.

Am.- No entiendo nada.

Su.- No te preocupes, yo te lo explico.

Cuando tu dices "ábrete sésamo", lo relacionas con que algo automático va a ocurrir.

Esto es lo mismo, cuando tu hagas el mudra, automáticamente se harán las Premisas Básicas.

Como las Premisas Básicas, son para que la Presencia y tu hagáis una tarea juntos, al hacer el mudra, la Presencia se pone en acción para emprender esta tarea.

Am.- Ah, ya entendí.

Cuando hago el mudra, se hacen las Premisas Básicas solitas, sin que yo intervenga.

Su.- Exacto.

Pero, eso no ocurre desde el principio, si no que hay que ir acostumbrando un elemento al otro.

Hay que acostumbrar a tu organismo a que cada vez que haces el mudra, las Premisas Básicas se hagan a la vez.

M.- Uy, que práctico.

Am.- Mira que bien.

Su.- Esto se hace así para que no tengas que estar haciendo las Premisas Básicas en una situación en que necesites que rápidamente se manifieste tu Presencia.

Am.- Ah, es por si no tengo tiempo de hacer las Premisas Básicas.
Ya entendí.

M.- ¿Y eso por que?, ¿es que son muy complicadas?

Su.- No, para nada. Lo que pasa es que si tú las haces previamente a un trabajo, las quieres hacer con tranquilidad, reposando cada frase, etc.

Si estas en una situación en que necesitas que haya rapidez en hacerlas, a lo mejor no te puedes entretener tanto, necesitas algo que sea rápido y te de la tranquilidad de que esta funcionando todo. O sea rápido y eficaz.

M.- Si, claro.

Am.- Muy bien.

CAPÍTULO 12

"LAS FRASES INICIALES"

Ahora vamos a ver las Premisas Básicas:

Voy a decir la primera frase y a comentarla.

La frase es: *"YO SOY EQUILIBRIO EN ACCIÓN".*

Am.- ¿La repetimos?

Su.- Ahora no hace falta, solo os lo estoy explicando.

Am.- Ah, vale, vale.

Su.- Imaginaros un coche en el que tenéis que hacer un viaje. Seguramente que lo queréis con gasolina, los niveles de aceite adecuados, liquido de frenos, todo a punto, ¿no?

M.- Si, claro.

Am.- Listo para salir.

Su.- Bien, pues cuando decís esta frase, todo en vuestros distintos cuerpos se prepara para el trabajo, o el ejercicio, que vais a efectuar.

Am.- De acuerdo.

Su.- Seguimos.

Siguiente frase:

"PIDO ENERGÍA DE PURIFICACIÓN".

M.- Tomo nota.

Su.- Como ya tenemos el vehiculo preparado, nos vamos al auto-lavado y le pegamos un manguerazo.

O sea, pedimos que baje una energía y lo limpie, lo purifique.

Y así lo sentimos.

Cuando digamos esta frase, cerraremos los ojos, y sentiremos como baja una fina lluvia etérica que nos limpia y nos purifica.

Am.- Que bonito.

M.- Me parece muy bien.

Su.- La siguiente frase:

"ABRO MI CANAL A LA LUZ".

Con esta frase decimos que ya vamos a abrir las puertas de nuestro vehículo, pero decimos a QUIEN se las vamos a abrir.
Y será a la LUZ.

Am.- Muy bien.

Su.- Y por último:

"PIDO A MI VEHICULO SUPERIOR, QUE TOME EL MANDO, DE MIS VEHÍCULOS INFERIORES, PARA HACER ESTE EJERCICIO".

(Este ejercicio, o esta tarea, esta misión, este trabajo... según lo que vayamos a hacer)

Cuando digamos esta frase, la decimos en partes, así:

.- **"Pido a mi Vehiculo Superior**

.- **que tome el mando de mis vehículos inferiores**

.- **para hacer este trabajo".**

Con una pequeñita pausa entre frase y frase.

Am.- Muy bien.

Su.- Pues estas son las "Premisas Básicas"

Ahora os la dicto todas juntas.

Primero hacemos el mudra de abrir el ejercicio.

Frases:

"Yo Soy Equilibrio en Acción"

(Pausa y respiración)

"Pido energía de Purificación"

(Pausa y respiración)

"Abro mi canal a la Luz"

(Pausa y respiración)

"Pido, a mi Vehiculo Superior
Que tome el mando
De mis vehículos inferiores
Para hacer este ejercicio"

(Pausa y respiración)

Hasta aquí son las Premisas Básicas, tal y como os he dicho.

ఙႣ

Teje-Má en su dimensión, se divierte con las explicaciones:

TM.- Aquí me tienes dentro del coche, a punto para salir, como dice mi cuerpo-base Susi. Jajajajajaja….

CAPÍTULO 13

"FRASES COMPLEMENTARIAS"

Su.- Ahora os comento otras frases, que también se usan antes de hacer un ejercicio.

Si vamos a trabajar con otra persona o elemento, deberíamos igualar nuestras frecuencias.

Am.- ¿Ah, si? ¿Y eso porqué?

M.- ¿Qué quieres decir?

Su.- Por ejemplo: si nos encontramos con una persona que no habla nuestro idioma y queremos entendernos con ella, buscamos un _lenguaje común_.

Imagínate que te encuentras con un chino y no sabes hablar su idioma, pero ambos sabéis hablar ingles.
Igualar las frecuencias es estar en una frecuencia común. En un lenguaje común.

M.- Ya entendí.

Am.- ¿Y cual es la frase?

Su.- La frase es:

"Igualo mi frecuencia con la frecuencia de..."

(Decimos el nombre de la persona, elemento o energía con la que vamos a trabajar).

Am.- Ah, vale, vale.

Su.- Y una última frase que os voy a enseñar hoy:

"Pido ayuda, protección y guía a los ángeles y Seres de Luz que me acompañan.
Y les pido que subsanen cualquier error que yo pueda cometer".

Esta frase esta dirigida a los ángeles y guías que nos acompañan y les pide protección y guía. También les pide que si en alguna cuestión nos hemos equivocado, ellos lo subsanen.

Esto es muy importante, pues cometemos muchos errores por desconocimiento de lo que tenemos que hacer en la situación en que nos encontramos.

Estas frases, *para que tengan fuerza,* están diseñadas para decirlas con estos cortes:

"Pido ayuda

Protección y guía

A los ángeles

Y a los Seres de Luz que me acompañan.

Y les pido que subsanen

Cualquier error

Que yo pueda cometer".

Después de estas frases, se hace el ejercicio, trabajo o misión.

Al terminar **damos las gracias** a todos y efectuamos el **mudra de cerrar** el ejercicio, uniendo el índice y el pulgar de la mano derecha.

Am.- ¿Hay que tener el mudra mucho rato así?

Su.- No, solo un instante.

Presionar y soltar.

Am.- Ah, muy bien.

Su.- Y fijaros que he dicho **mudra de cerrar** y no cerrar el mudra.

Am.- Si, si.

M.- ja jajajaja

Su.- Bien, lo vamos a dejar aquí. Ahora tenéis que ir practicando estos días lo que habéis aprendido hoy.

Am.- De acuerdo.

M.- Muchas gracias, iremos practicando, a ver que tal se nos da.

Su.- Adiós, adiós.

Am y M.- Hasta otro rato.

CAPÍTULO 14

"VAMOS AVANZANDO"

En otra dimensión:

Teje-Má.- ¿Qué os ha parecido la clase?

LUSENDA.- A mi muy bien.

ABBANDIR.- Yo, como siempre tengo mis dudas.

TM.- Dime tus dudas, a ver si soy capaz de resolverlas.

Abb.- ¿Todo esto que están haciendo me permitirá conectar con mi cuerpo-base?

¿O al cuerpo-base conmigo?.

TM.- Lo que hemos hecho permite que tu cuerpo-base, o sea Amanda, conecte con su vehículo superior.

Abb.- ¿Y ese no soy yo?

TM.- Pues, aun no. Aun no conectará contigo.

Abb.- Uy, ¡que torpe soy en cuestiones humanas!

TM.- No te preocupes, yo te cuento como funciona el tema, las veces que haga falta.

Lu.- Si, cuéntame lo que ha pasado en estas clases, que ya ves que yo acabo de llegar, como quien dice.

TM.- Con quien va a conectar Amanda es con el Vehiculo Superior que tenga. Es decir, en este caso con la Presencia Planetaria.

Abb.- La Presencia Planetaria es el resultado final de todas las experiencias y aprendizajes efectuados en la Tierra. Es eso, ¿no?

TM.- Si, exactamente.

Y como ya le pedimos a esta Presencia que confeccione un Vehiculo de Conexión, ya faltará menos para llegar hasta ti.

Abb.- Bueno, faltaran la Presencia Solar, la Pleyadiana, la Siriana, la de este Universo y la del Superuniverso.

Lu.- Ya me estoy mareando.

Abb.- ¡Ves!! ¡A Lusenda también le pasa!!!

TM.- Pues si... jajajajaja...

Parece que el dia que hablaron de la confección de vehículos inferiores no estabais en clase.

Abb.- ¡Como que no! ¡Yo no he faltado nunca a clase!

Lu.- Pues estaríamos distraídos jugando a crear mundos.

TM.- Seguramente.

Pero ahora que ya lo sabéis, id trabajando ese tema, ¿de acuerdo?

Abb.- De acuerdo.

Lu.- Esta bien.

CUARTA PARTE

"SISTEMAS DE PROTECCIÓN"

Vamos a conocer sistemas para protegernos de las frecuencias adversas.

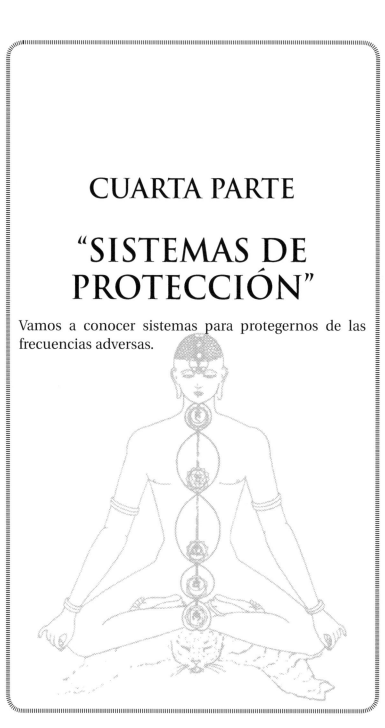

CAPÍTULO 15

"LOS FILTROS"

Siguiente día de clase:

Su.- Hola guapísimas, ¿que tal estáis?

M.- Muy bien.

Am.- Con muchas ganas de aprender cosas nuevas.

Su.- ¿Habéis practicado un poco las Premisas Básicas?

Am.- Yo las he repetido cada mañana antes de salir de casa.

M.- Yo las iba diciendo en el coche cuando me iba a trabajar, como hay tanto trafico, me aburro y aprovecho para hacerlas, con mis mudras y todo lo demás.

Su.- ¡Que bien!

M.- Yo me puse en la Presencia cuando venia el jefe a decirme cosas y me ha ido muy bien.
Me siento mejor, más segura de mi misma.

Am.- Yo también me pongo en mi Presencia cuando tengo que hacer cosas en la oficina.

Y también me pasa lo mismo, me siento más segura, hasta más inteligente y todo, jajajajaja.

M.- Si, parece que da seguridad lo de las Premisas Básicas, me ha gustado mucho y me encanta hacer el mudra y repetir las frases.

Am.- También me gusta lo de pedirles ayuda a los guías, se que están a mi lado y al pedírselo me siento como más tranquila, de que ellos están y me van a ayudar.

Su.- Ellos siempre te han ayudado, la diferencia es que ahora estas en una mayor conexión con ellos y eso te tranquiliza.

Has tomado una mayor conciencia de su existencia.

Am.- Exactamente.

M.- Si, a mi también me pasa igual.

Estoy más equilibrada, más serena, más tranquila y más confiada en la ayuda divina.

Su.- Bien, estoy muy contenta de los resultados que estamos obteniendo.

Ahora vamos a hablar de los **"Filtros de Protección"**.

Tomad vuestro cuaderno y anotad lo que os voy a ir explicando.

Al igual que el organismo físico tiene un recubrimiento llamado piel, que impide que entren en nuestro interior impurezas externas y es un filtro natural, los vehículos etéricos tienen su propio filtro.

Este filtro lo vamos a dibujar como una malla, como una red, en cuya intersección hay unas llamitas. Estas llamitas se mueven hacia dentro o hacia fuera, como un calcetín cuando lo giras, filtrando la energía que entra o la que sale.

Las llamitas tienen un tamaño normal cuando están en reposo.

Si las activamos diciendo "Activo mis filtros de protección", se ponen mas grandes, mas potentes.

Os voy a hacer un dibujo:

Filtros de proteccion
en "estado de reposo".

Llamitas pequeñas.

"!Activo mis filtros de proteccion!"

Las llamitas doblan
su tamaño y potencia.

Am.- Con el dibujo lo entiendo mejor.

M.- Si, se entiende muy bien.

Su.- Estupendo, ahora vamos a hacer un ejercicio práctico.

Tu Amanda extiende la mano hacia delante.

Tu María pon la palma de la mano encima de la suya y siente el calor que emite.

Pero no tan cerca.

A unos 4 dedos de distancia encima de ella.

¿Sientes su calor?

M.- Si, lo siento.

Su.- Ahora Amanda, que tiene la mano debajo, repite conmigo:

"*Activo mis filtros de protección, mientras dure este ejercicio*"

Am.- ¿Lo repito?

Su.- Si, repítelo.

Am.- "Activo mis filtros de protección, mientras dure este ejercicio".

Su.- Como veis le estamos dando un **"código de tiempo"**.

Les decimos a los filtros de protección que se activen <u>solamente</u> mientras estamos haciendo este ejercicio.

Y es que no es bueno que los filtros estén a toda potencia, formando una malla protectora poderosa durante mucho tiempo, sobre todo si no es necesario.

M.- Oye, pues si se siente.

Se desprende más calor de su mano.

Su.- Ahora cambiaros.

Tu Mari pon la mano abajo y Amanda que la ponga encima.

No tan pegada, a unos 4 dedos por encima, aproximadamente.

Am.- Y ahora al soltarnos las manos, ¿*qué pasa con los filtros*?

Su.- Los filtros *vuelven a su estado natural*.

Am.- ¿Repito las frases otra vez?

Su.- No. Ahora las dice Mari, que es quien tiene la mano debajo.

Am.- Ah, si, claro.

Su.- Si, pero primero siente el calor que desprende la mano, antes de activarlos y así haces la comparación del antes y el después de decir la frase.

Am.- Si, siento un calorcito.

Su.- Mari, repite:

"Activo mis filtros de protección, mientras dure este ejercicio"

M.- "Activo mis filtros de protección, mientras dure este ejercicio"

Su.- Y ahora tu, Amanda, que tienes la mano encima, dime si sientes la diferencia.

Am.- Si, ¡muchísima! Caramba, como se nota la diferencia. Menudo calor desprendes ahora, Mari.

M.- ¿Si?

Su.- Claro, tu como eres muy sensible lo percibes de forma mas extremada.

Además, todo este tiempo en que te han dolido las manos, te las ha hecho más sensibles a la energía.

Am.- Ya no me duelen tanto. Ya puedo abrir la puerta sin pasarlo mal.

Su.- Que bien, cuanto me alegro.

Daros las gracias la una a la otra por ayudaros en este ejercicio.

Al dejarlo, los filtros vuelven a su estado normal.

M.- Gracias Amanda.

Am.- Gracias Mari.

M.- jajajaja... Me suena gracioso darle las gracias a mi amiga.

Su.- *Pues es muy importante el agradecer siempre a los demás la ayuda que nos proporcionan.*

Que no os de vergüenza hacerlo.

Ahora vamos a hacer un ejercicio para ver una muestra de vuestras llamitas energéticas, y asi comprobaremos cual es su estado.

Am.- Muy bien.

Su.- Poneros una mano delante y mirar fijamente una parte de ella.

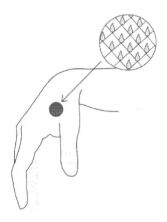

Detalle de los filtros de proteción de una mano.

Am.- Aquí, ¿por ejemplo?

Su.- Si, poned vuestra atención en esta zona.

Cuando la tengáis bien fija en vuestra mente, cerrad los ojos y miradla en vuestra pantalla mental.

Am.- Ya las veo.

M.- Si, yo también.

Su.- Perfecto, ahora vamos a observar como están.

A ver si están bien, o las veis con defectos, o apagaditas... a ver como se os muestran.

Am.- En mi red, faltan algunas.

Y también unas son de diferente tamaño que las otras.

M.- Las mías están débiles, casi apagadas.

Su.- Dadles las gracias y las vamos a cargar con Luz Dorada.

Am.- Uy, ahora que les he dicho esto, se ponen muy contentas, a bailar.

M.- Las mías, parece que se reviven un poco. Aunque no se si es eso lo que veo.

Su.- Esta bien. Dejad las manos en reposo y repetid conmigo:

"Igualo mi frecuencia, con la frecuencia del Rayo Dorado".

Am y M.- "Igualo mi frecuencia, con la frecuencia del Rayo Dorado".

Su.- *"Pido al Rayo Dorado, que me llene de su Luz y su energía".*

Am y M.- "Pido al Rayo Dorado, que me llene de su Luz y su energía".

Su.- ***Y que refuerce las llamitas de mis Filtros de Protección".***

Am y M.- "Y que refuerce las llamitas de mis Filtros de Protección".

Su.- ***"Mientras dure este ejercicio".***

Am y M.- "Mientras dure este ejercicio".

Su.- Ahora nos estaremos unos minutitos *quietas*, para *dejar actuar al Rayo Dorado*.

Pongo una música relajante y tranquila.

Al terminar, **daremos las gracias y haremos el mudra de cerrar**. No nos despistemos.

Con esto habremos acabado la clase del día de hoy.

Am.- Muchas gracias.

Su.- Estos días practicad lo de activar los filtros cuando os encontréis en alguna situación adversa, o cuando os rodean frecuencias negativas, o malas vibraciones.

M.- Uy, pues a mi me va a tocar practicar a cada momento delante del jefe.

Am.- jajajajaja

Su.- Es una buena oportunidad que se te esta brindando.

Am.- Yo lo haré cuando llega mi hermana del trabajo, que siempre viene con un humor de perros.

M.- jajajajaja

Su.- Seguro que hay muchas ocasiones en que os encontráis con gente o elementos que os hacen activar los filtros.

El próximo día tendréis muchas experiencias que contarme.

Am.- Si, si, seguro.

M.- Si, claro.

Su.- Pues hacemos el ejercicio y ya nos despedimos hasta entonces, y seguid practicando con las frases.

De momento con que hagáis esto ya me conformo.

Hay que aprenderlas muy bien.

Acordaros que el mudra y las Premisas Básicas son elementos que van unidos, para que al final cuando hagáis el mudra, ya queden las Premisas Básicas incorporadas.

Este es el objetivo del mudra.

Cuantas más veces los hagáis juntos mas se van a acoplar.

Practicad, practicad y practicad.

Y sobre todo, acordaros de dar las gracias y hacer el mudra de cerrar siempre al finalizar el ejercicio.

Venga, hagamos el ejercicio. Nuestras llamitas se llenan de Luz Dorada y se recuperan. Y ya luego nos despedimos.

Efectúan el ejercicio y ya se despiden.

Nos vemos el próximo día de clase.

M.- Adiós y muchas gracias.

Am.- Adiós, estoy aprendiendo mucho. Ya tengo más tranquilidad y seguridad en mi misma. Muchas gracias.

CAPÍTULO 16

"LOS RAYOS MANÁSICOS"

<u>En clase:</u>

Su.- Buenos días, ¿que tal os ha ido?

Am.- Muy bien. He estado practicando lo que nos has enseñado y me va muy bien.

M.- A mi también.

Su.- Hoy vamos a hablar de los **"Rayos Manásicos"**.

Am.- ¿Qué son los Rayos Manásicos?

Su.- Sabemos que la luz que nos llega del Sol se descompone en un espectro de siete colores conocidos como los colores del arco iris.

Lo que tal vez no sea tan conocido es el hecho de que nuestro sol, a su vez, gira en torno a otro sol mayor que se llama Sirio, y del cual recibe la luz y la vida espiritual necesarias para nuestra evolución como seres encarnados.

El espectro de esta Luz de Sirio nos da siete rayos, llamados Manásicos, debido a que su composición es electrónica y no atómica, como la luz solar. Es decir, están constituidos únicamente por electrones y al no tener masa, son invisibles al ojo humano en su actual estado evolutivo de tercera dimensión.

La estrella Sirio vibra en una base de séptima dimensión, por lo que su luz, sus siete Rayos Manásicos, también poseen mínimamente este nivel vibratorio.

Cada uno de los Rayos posee una vibración afín con un determinado color visible.

Se llaman Rayos Manásicos porque provienen de la palabra Manas, que quiere decir Mente.

Son Rayos de colores con una serie de propiedades cada uno.

Os los voy a numerar, tomar nota en vuestros cuadernos:

> * El primer rayo es el *Azul*. Manifiesta en su aspecto motivador la Voluntad, la Fuerza, la Acción y en su aspecto creador, la Fe. Es la primera característica necesaria para que la energía se manifieste en el ser humano.
> Se correspondería con el chakra laríngeo. Dirige el sonido. Es la energía que motiva la palabra hablada y el Verbo Creador.
> Representa la Dirección y la Protección, cualquier sistema de Gobierno Superior y las Huestes Superiores de Protección (Miguel y sus ángeles y arcángeles).

* El segundo rayo es el *Amarillo*. Manifiesta en su aspecto motivador la Sabiduría y en su aspecto creador la Iluminación. Es la segunda característica necesaria para que la energía creadora cumpla con el propósito superior. En el ser humano se asocia al chakra coronario. Dirige la Instrucción Superior. Es la energía que motiva el conocimiento Superior. Representa la Instrucción y la Enseñanza Superior, cualquier sistema de Educación Superior y a los Maestros Ascendidos.

* El tercer rayo es el *Rosa*. Manifiesta en su aspecto motivador el Amor Superior como fuerza unificadora y en su aspecto creador la Armonía que motiva la Unidad. Es la característica necesaria para fusionar el primer y el segundo aspecto de la Creación. En el ser humano se corresponde con el chakra cardiaco. Es la energía que motiva la unidad y la fusión de todas las energías creadas y que mantiene en orden y equilibrio toda la Creación. Representa el Amor Cósmico y canaliza todas las actividades de interconexión a través de la comunicación y transportes.

   Estos tres rayos, Azul, Amarillo y Rosa son los tres principales.

   El Rayo Rosa se subdivide en cuatro aspectos para manifestar en plenitud su función.

* El primer aspecto es el cuarto rayo o rayo *Blanco*. Manifiesta en su aspecto motivador la Ascensión y en su aspecto creador la Pureza. Es la suma de todos los colores. Es la primera característica necesaria para que el Amor se manifieste en su plenitud. En el ser humano se correspondería con el chakra Muladhara (energía creadora) que motiva la energía sexual para crear en su más amplia manifestación. Es la energía que impulsa las artes creadoras.

* El segundo aspecto es el quinto rayo o rayo **Verde**. Es la fusión del rayo Azul y del Amarillo (Voluntad y Sabiduría). Manifiesta en su aspecto motivador la Verdad y en su aspecto creador la Curación. Es la segunda característica necesaria para el rayo Amor. En el ser humano está asociado con el chakra Ajna (tercer ojo). Dirige la Visión Superior. Representa la ciencia y la medicina en su aspecto superior.

* El tercer aspecto es el sexto rayo o rayo **Morado y Oro**. Manifiesta en su aspecto motivador la Paz y en su aspecto creador el Servicio. Es la tercera característica del Amor que se expresa a través de la Paz y el Servicio.

  En el ser humano se corresponde con el plexo solar. Representa los movimientos religiosos y espirituales a través de la Paz y el Servicio.

* El cuarto aspecto es el séptimo rayo o rayo **Violeta**. Nace de la fusión del rayo Azul y Rosa (Voluntad y Amor). Manifiesta en su aspecto motivador la Maestría y en su aspecto creador la Transmutación, la Misericordia y el Perdón. Es la última característica necesaria para irradiar el Amor con Maestría y Misericordia.

  En el ser humano se asocia al chakra esplénico (Svadhistana). Dirige la alquimia como ciencia de autotransformación. Es el aspecto que representa la Justicia Superior. Este rayo, característico de la Era de Acuario, es necesario trabajarlo para subir en vibración a través de la transmutación.

* Y además de los Rayos Manásicos, contamos con la energía del Rayo **Dorado**, cuya finalidad es subir la vibración de cuanto irradia.

Am.- Ya esta copiado. ¿Ahora que hacemos?

Su.- Ahora vamos a aprender a usarlos.

Cuando los vayamos a usar, primero hay que igualar nuestra frecuencia con la suya.

Diremos: "Igualo mi frecuencia con la frecuencia de los Rayos Manásicos"

Y luego pediremos el Rayo concreto que nos interesa según la situación.

M.- Dinos un ejemplo.

Su.- Veamos… imagínate que en tu casa hay desarmonía, no hay amor.
¿Qué rayo usarías?

Am.- Yo, el Rayo Rosa. Que trae la energía del Amor.

Su.- Exactamente.
Y si necesitas seguridad para poder hacer alguna cosa.
¿Cuál seria el Rayo mas adecuado?

Am.- Eso no lo se, ¿Cuál seria?

Su.- Para la seguridad, la confianza usaremos el Rayo Azul.

Vamos a repasar las cualidades de cada uno, porque me parece que no han quedado muy claras.

Empezaremos de abajo a arriba, en comparación con los chakras.

En el primer chakra situamos la energía de color blanco. Esta abajo, en la base de la columna.

El primero va a ser el **Rayo Blanco**.

De las características que tiene, vamos a usar la pureza, nos va a ayudar en situaciones donde hay que limpiar algo, purificar.

Por ejemplo una persona borracha, o una situación oscura, mal intencionada. A estos los llenaríamos de Rayo Blanco.

Am.- ¿Qué quieres decir con que "los llenaríamos"?

Su.- Quiere decir que vamos a hacer lo que se llama "irradiar".

Vamos a imaginar que a esa persona o a esa situación los llenamos de ese color.

Como hemos igualado nuestra frecuencia con los Rayos Manásicos y llamamos a ese color en concreto, somos un canal de esa energía.

Es como si la seleccionáramos y la mandáramos a la persona o a la situación concreta.

Al llenarlo de esa energía se producen estos cambios.

Te pongo un ejemplo del Rayo Rosa.

En casa se están peleando por una tontería, como siempre, entonces hacemos esto:

"Igualo mi frecuencia con la frecuencia del Rayo Rosa.

Yo invoco al Rayo Rosa, para llenar de su Luz y su Energía esta situación".

Todo ello, haciendo previamente el mudra y las Premisas Básicas. Si no da tiempo porque la cuestión esta grave, hacemos el mudra que contiene a las Premisas Básicas, activamos los Filtros de Protección y directamente igualamos frecuencias e invocamos al Rayo que nos interesa.

También es importante dar un código de tiempo:

"Pido al Rayo Rosa, que esté funcionando hasta que se armonice esta situación".

Damos las gracias y luego hacemos el mudra de cerrar.

Podemos ayudar a su trabajo visualizando o imaginando que la habitación y las personas que están dentro, se van llenando de Luz de color Rosa.

Que toda la habitación se tiñe de color Rosa.

Y que el Amor, que es la característica de este Rayo, lo inunda todo haciendo que la gente se transforme en amorosa, dulce y buena.

También le podemos añadir: "Pido a mis ángeles que corrijan cualquier error que yo pueda cometer".

M.- Oye... y nos lo podrías poner en orden, por favor.

Su.- De acuerdo.

Primero vemos que hay una situación que requiere la implicación de los Rayos Manásicos, entonces hacemos lo siguiente:

Mudra de abrir el ejercicio.
Premisas Básicas.
Activar los Filtros de Protección.
Igualar frecuencias con las personas o la situación.
Igualar frecuencias con los Rayos Manásicos.
Invocar al Rayo correspondiente a la situación.
Darle un código de tiempo.
Pedir a los ángeles que lo corrijan, si cometemos algún error.
Usar el Rayo.
Dar las gracias al terminar.
Mudra de cerrar.

Entonces estamos pendientes de lo que ocurre. Veamos como todo se va relajando y armonizando.

Am.- Ahora ya lo entiendo un poco más.

M.- Yo también.

Am.- Repásanos las cualidades de los distintos Rayos, porfa.

Su.- De acuerdo.

.- Estamos viendo el **Rayo Blanco** que es para purificar y limpiar situaciones.

.- Después tenemos el **Rayo Violeta**. Este es un Rayo de transmutación, de transformación. Se usa mucho para tratar el tema del karma, porque trabaja con la Justicia Superior.

.- El siguiente es el **Rayo Morado-Oro**, en algunos sitios lo veréis como Oro-Rubí. Este color no existe como tal en la Tierra y lo más parecido es la mezcla de estos dos colores. Al final sale una especie de anaranjado muy brillante. Parecen los rayos del Sol. Este Rayo es necesario para el trabajo del Servicio. Si queremos ser útiles a las personas. Es un Rayo usado principalmente por los sacerdotes, las monjas, o aquellos que desean ser servidores de la humanidad o de Dios. También es el Rayo de la Paz.

.- El siguiente es el **Rayo Rosa**, que ya hemos mencionado. Es el Rayo del Amor y de la Armonía.

.- Después esta el **Rayo Azul**. Este Rayo es muy activo. Trabaja muchas cualidades en nosotros. Es el Rayo de la Fuerza, de la Acción, de la Seguridad, de la Confianza, de la Protección, de la Fe. Es un Rayo muy activo actualmente. Cuando el chakra garganta, que es desde donde lo trabajamos, esta débil, todas estas energías nos fallan de una o de otra manera. Nos sentimos desganados, sin fuerza, sin fe.

.- El siguiente es el **Rayo Verde**. El que trabaja la sanación, la visión, el equilibrio, la tranquilidad. La paz interior.

Cuando nos queremos relajar, cuando estamos enfermos, nos llenamos de Rayo Verde.

.- Y el **Rayo Amarillo**. Rayo de la Sabiduría, del conocimiento, de la actividad mental, de la claridad. Para cuando tienes un examen. Cuando estas confuso y quieres claridad en tus pensamientos.

.- También tenemos un Rayo muy especial que es el **Rayo Dorado**. Este es un Rayo de Luz y de Energía que se utiliza para elevar la frecuencia vibracional.

Este Rayo lo aplicamos al finalizar un trabajo o ejercicio, para llenarlo todo de esa Luz y así elevar la frecuencia vibracional de la situación.

Am.- Caramba ¡cuantas cosas sabemos ya!

M.- Si, no sé si me aclararé con todo esto.

Su.- Poco a poco. Estos conocimientos no son para comértelos en un solo día, hay que asimilarlos despacio. Y lo más eficaz es practicar y practicar con ellos.

M.- Si, esto es lo que hay que hacer. Cuando se de una situación, irradiarla de la Luz del Rayo correspondiente.

Am.- ¿Y cómo sabremos si lo hemos hecho bien?

Su.- Al principio es difícil de saber. Cuando ya se tiene más práctica es más fácil. Pero, para eso les pedimos a los ángeles que corrijan los errores que podamos cometer, que en un principio pueden ser bastantes.

Am.- Y nosotras haremos muchos.

M.- Intentaremos no cometerlos, ¿no te parece?

Am.- Pues claro.

Su.- Bien, pues lo dejamos aquí. Estos días practicad con los Rayos Manásicos en las situaciones en las que os encontréis.

Am.- ¿Solo cerrando los ojos y ya está?

Su.- Lo podéis hacer con los ojos abiertos, observando lo que esta ocurriendo.
Lo que os aconsejo es que no crucéis los brazos y las piernas cuando lo hagáis. Porque la energía fluirá por vuestros canales y chakras.
Es importante que los circuitos estén abiertos a recibir y a compartir con los demás.

Am.- ¿Y qué nos imaginamos?

Su.- Primero te imaginas que en el lugar donde estas, están todos los colores de los Rayos.
Te imaginas que al invocar a un Rayo concreto, lo estas seleccionando de todos ellos.
Luego que entra por tu cabeza y circula por tu cuerpo, saliendo por tus chakras hacia las personas o situación que lo esta requiriendo.

Am.- Ya entendí.

Su.- De esta manera, y aunque éste no sea su propósito, tu también estas beneficiándote de esta energía, tu también la estas recibiendo y llenándote de ella, lo cual es muy bueno para ti.

M.- Esto me gusta cada vez más.

Su.- Ahora os toca experimentar. ¿Lo tenéis todo claro?

Am.- Creo que si, gracias.

M.- Bueno, en todo caso, le diremos a los ángeles que corrijan los errores que cometemos, ¿no es así?

Su.- Efectivamente. Así que, adelante, a experimentar estos días. Me lo contareis en la próxima clase.

Am.- Adiós.

M.- Hasta el próximo día.

Su.- Adiós guapísimas. Estoy muy contenta con vosotras. Sois muy buenas alumnas. Lo estáis haciendo muy bien. Me alegro por vosotras. Creceréis muy rápido, evolucionáis muy bien. Todo esta perfecto.

CAPÍTULO 17

"LAS MIGUITAS DE PAN"

En otra dimensión:

Abb.- Oye Teje-Má. Eso de los Rayos Manásicos me ha gustado.
Y aunque soy un poco insistente, ¿eso va a ayudar a que mi cuerpo-base y yo nos encontremos?

TM.- Jajajaja… Este es un paso más. Todo va ayudando.
Te diré que las personas evolucionan a través del Servicio a los Demás.
La gente se ayudan los unos a los otros, a través del Amor.
Con herramientas, conseguimos que vayan conectando con estados superiores de conciencia.
Son las <u>miguitas de pan</u> que la van a llevar a ti. Solo hay que seguirlas.

Abb.- Eso de las miguitas de pan me ha gustado. Es de un cuento, ¿no?

TM.- Si es de un cuento de un niño que no se quería perder y que iba tirando miguitas de pan para saber cual era el camino por donde tenía que regresar a su casa.

Así que ahora con los "cuadernos de prácticas" que escribo, les estoy dando a los cuerpos-base miguitas de pan para que regresen a su origen. Bueno, mas que darles miguitas yo diría que se las hago encontrar para que vayan regresando.
No se si me estoy explicando bien.

Abb.- Si, que tu les enseñas herramientas para conectar con su Yo Superior y este va a conectar conmigo de alguna manera. Bueno, me refiero a mi cuerpo-base.

TM.- Si, creo que me entiendes.
Las herramientas y sobre todo las Premisas Básicas, hacen que encuentres tus miguitas de pan. Jajajajaja

Abb.- Eso me gusta. Busca las miguitas de pan que te estamos tirando. Encuéntralas poco a poco y así me encontraras a mi. Jajajaja
Me gusta. Me gusta mucho.
Eres un fenómeno Teje-Má.

TM.- Gracias.
Si eso hace que te tranquilices yo me alegro mucho.
¿Seguimos con las clases?

Abb.- Si, si, por favor. Adelante con las "miguitas".

CAPÍTULO 18

"PRACTICANDO"

En casa de Susi:

Am.- Hola Susi, buenos días. Vengo muy contenta.

M.- Buenos días. Yo también.

Su.- Contadme cositas. ¿Qué habéis hecho?

Am.- Mira, yo me he encontrado en una situación con mi hermana.
Nos hemos peleado por una historia, por la que siempre nos peleamos.

Su.- Y ¿Qué has hecho?

Am.- He respirado profundamente y he hecho todo el proceso de mudra, Premisas Básicas, filtros.

Su.- Muy bien ¿y luego?

Am.- Luego he pedido a los ángeles que me corrijan si me equivoco, he igualado mi frecuencia con la frecuencia de mi hermana, después con la frecuencia de los Rayos

Manásicos y he invocado al Rayo Verde. Al de la tranquilidad, equilibrio, relajación y esas cosas.

Su.- Muy bien.

Am.- Y me lo he aplicado a mi misma. Porque me hacia muchísima falta. Me estaba poniendo los nervios de punta. Con una tensión. Estaba a punto de explotar. Es que a veces no la aguanto. Se pone tan terca y no entiende nada de lo que le digo. Primero pensaba en aplicárselo a ella. Pero luego me lo he pensado mejor y me lo he aplicado a mi misma. He pensado que si yo me calmaba, podría explicárselo de otra manera en vez de chillando.

Su.- Muy bien. ¿Y qué pasó?

Am.- Pues fue buenísimo, porque me fui calmando. Y cuando ya me iba calmando pensé en el Rayo Amarillo y lo invoqué. Pensé que necesitaba sabiduría para ver como lo podíamos solventar. Así que poco a poco fui encontrando la solución a nuestro conflicto. Algo que nos fuera bien a las dos. Y una vez que todo esto estaba funcionando pensé en meternos a las dos en una nube de amor.

Su.- Que bonito.

Am.- Si, acabamos abrazadas, llorando como magdalenas.

Su.- Caramba.

Am.- Más tarde, en mi habitación di las gracias e hice el mudra de cerrar.

Puedo decir que he visto el efecto que produce la aplicación de los Rayos Manásicos. Me ha gustado mucho. Ahora ya se como funcionan.

Su.- Que bien. ¿Y tu Mari?

M.- A mi me ha tocado practicar con el Rayo Azul.

Su.- ¿En que situación?

M.- Oye, ¿hay algún sistema de protección? Porque el jefe lleva varios días viniendo enfadado al trabajo y siento como si me atacara a mí todo el tiempo. Al final hice una especie de cortina azul delante mío, para defenderme. ¿Es correcto?

Su.- Si. Mira, hoy pensaba enseñaros mecanismos de defensa con los Rayos Manásicos. Creo que tal y como se están poniendo las cosas actualmente, va a ser muy necesario.

M.- Si, si, perfecto. Enséñanos a protegernos.

Am.- Estoy total y absolutamente de acuerdo.

CAPÍTULO 19

"UN SISTEMA DE PROTECCIÓN"

Su.- Pues tomad vuestros cuadernos que os voy a explicar como usaremos los Rayos Manásicos como sistema de protección.

Los Rayos que vamos a usar para este tema serán el Verde, el Azul y el Rosa. Acabando con el Dorado.

El proceso en este caso, es un poco distinto, porque el trabajo es hacia nosotros mismos, con lo cual no vamos a igualar frecuencias con otras personas o entidades, solo con los propios Rayos Manásicos.

Así que haremos el mudra de abrir, las Premisas Básicas, pediremos ayuda a los ángeles y que corrijan nuestros errores.

Igualaremos nuestra frecuencia con la frecuencia de los Rayos Manásicos e invocaremos a cada rayo en particular cuando lo necesitemos.

Luego haremos el ejercicio, daremos las gracias y haremos el mudra de cerrar.

Bien. Lo vamos a hacer. Os ponéis de pie, con las piernas un poco separadas y los brazos un poco sueltos.

Ejercicio:

Mudra de abrir con la mano izquierda.

Premisas Básicas:

Yo Soy equilibrio en Acción.

Pido energía de purificación.

Abro mi canal a la Luz.

Pido a mi vehiculo superior / que tome el mando / de mis vehículos inferiores / para hacer este ejercicio.

Pido ayuda protección y guía a los ángeles y Seres de Luz que me acompañan y les pido que subsanen cualquier error que yo pueda cometer.

Igualo mi frecuencia con la frecuencia de los Rayos Manásicos.

Yo invoco al Rayo Verde.

Rayo de Equilibrio, de Relajación y de Sanación.
Y me lleno de Rayo Verde.

Ahora visualizas que eres una botella vacía que se va llenando de Luz Verde.

Todo tu interior se llena del color Verde, con su cualidad de equilibrio, sintiéndote cada vez más relajada, más equilibrada, llenándote de paz y tranquilidad.

Te sientes en paz. En armonía contigo misma.

Cuando así lo sientas seguimos.

Invoco al Rayo Azul.

Rayo de la Protección Divina.

Y pido a esta energía que forme una Armadura de Rayo Azul que me proteja del Plano Astral.

Y ahora visualizas que pegada a tu cuerpo se va formando una armadura de un azul potente, luminoso.

Poco a poco se va formando la armadura.

No te dejes ni un rinconcito por proteger.

Cuando sientas que estas completamente rodeada de una armadura de un azul potente, cuando te sientas completamente protegida por la armadura, seguiremos.

Invoco al Rayo Rosa.

Rayo del Amor Profundo.

Y formo nubes rosas a mí alrededor, que permiten a las personas que se acercan a mí, sentir el Amor Profundo.

Una vez has dicho esto, confeccionas mentalmente una serie de nubes a tu alrededor, para que cuando las personas se acerquen a ti, reciban esta carga y se sientan bien.

Aquí es importante la frase que hemos dicho con respecto a que los ángeles corrijan los errores, porque como esto va dirigido a nuestro exterior, no nos vayamos a meter en karmas ajenos.

Al final nos llenamos de Luz Dorada para elevar nuestra frecuencia.

Invoco al Rayo Dorado.

Rayo de Luz y de Energía.

Para elevar mi frecuencia vibracional.

Y la de todo cuanto me rodea.

Damos las gracias a los Rayos Manásicos.

Y decimos **Luz, Paz y Amor**, haciendo el **mudra de cerrar** con la mano derecha.

Ahora podéis hacer una respiración profunda.

Am.- Oye, que bien me siento.

M.- Yo también. Esto es fantástico.

Am.- Si, yo he tenido un montón de sensaciones.

Su.- Ya podéis sentaros.

Y ahora voy a añadir una cosa.

Este sistema de protección, como veis, puede que se tarde unos minutos en hacerlo.

En situaciones donde las cosas tienen que ir más rápidas o son más urgentes, no tenéis que tardar tanto.

Entonces, podéis hacer una señal, por ejemplo cruzar los dedos o algo así, para que todo este sistema de protección se haga de forma automática.

Am.- ¿Como el mudra con las Premisas Básicas?

Su.- Exactamente.

Si os acostumbráis a dar el código a un gesto en concreto, que sea fácil de hacer y muy práctico, funcionará de forma fácil y precisa, rápidamente.

Pero, esta claro que hay que practicarlo, si no, no funciona, ¿de acuerdo?

Am.- Si ya lo entendí.

M.- Esta semana practicaremos este sistema de protección. Me ira muy bien ante las neuras del jefe.

Am.- Yo también lo practicaré en casa, con mi hermana. Porque a veces mi hermana viene del trabajo hecha una fiera. Insoportable.

Su.- Bien, pues ya tenéis tarea para estos días.

Nos vemos en la siguiente clase.

Adiós.

Am.- Adiós, te estamos muy agradecidas.

M.- La verdad es que me hace mucha falta esto de la protección. No solo con el jefe, también con los compañeros de trabajo que están muy nerviosos por si hacen regulación y nos bajan el sueldo y todas esas cosas.

Su.- Si, es que todo el mundo anda nervioso y confuso. Son épocas difíciles y es cuando más hay que trabajar internamente.

Am.- Muchas gracias.

M.- Adiós Susi, hasta la próxima clase. Vamos a practicar.

CAPÍTULO 20

"NOVEDADES"

En otras dimensiones:

TM.- Hola Taaron, ¿cómo tu por aquí?

Taa.- Hola Teje-Má. ¿Cómo te van las cosas?

TM.- Muy bien. Mi cuerpo-base no para de escribir libros porque se los voy inspirando.
Ya hemos iniciado otra colección. Mira. Se va a llamar "AMOROSA COMPAÑÍA".

Taa.- ¿Ah, si? ¿Y de qué se trata esta vez?

TM.- Es una colección que va a recoger conocimientos del mundo etérico que le voy a ir dictando. Empieza con el tema de los ángeles, también hablaremos de los delfines. Luego ya entraremos en los unicornios, las hadas, los duendes, y estos seres que hay en otras dimensiones.

Taa.- Y ¿por qué quieres escribir libros sobre estos temas?

TM.- Para que la gente lo conozca. Para que sepan de su existencia. Para que sueñen. Para que comprendan que hay otros mundos y que en algún momento se van a encontrar con ellos.

Taa.- ¡Para,.. para,… para…! Bueno, la verdad es que no paras. Jajajajaja

TM.- Si, me he vuelto muy "escritor" de repente. Jajajaja

Taa.- Pero todo esto parece un mundo de "fantasía".

TM.- Bueno, tú sabes que la fantasía no existe, que es la capacidad de ínterpenetrar en otros mundos.
La gente tiene ideas o fantasías porque su mente las recoge de otras dimensiones a las que, de una u otra manera tiene acceso.
Y también de otros mundos que ha visitado en su serial de encarnaciones.

Taa.- Bueno, vale. Y, ¿vas a hacer mas colecciones?

TM.- Siiii, tengo otra en marcha.

Taa.- Caramba, no paras. Y ¿de qué va esta otra colección?

TM.- Esta se llamara "VIAJA CONMIGO".

Taa.- ¿Viajar? ¿Te los vas a llevar de viaje?

TM.- Nooo. Bueno, si.

Taa.- Aclárate, no, si. ¿Te los llevas o no te los llevas?

TM.- Voy a hacer libros comentando los viajes que hagamos y a lo mejor los que ya hicimos.

Taa.- Explícate.

TM.- Cuando nosotros llevamos a los cuerpos-base de viaje, realmente estamos haciendo muchas cosas en otras dimensiones, a la vez que en la dimensión donde están los cuerpos. ¿Verdad?

Taa.- Si, es muy divertido preparar escenas y situaciones, preparar lugares, hablar con las entidades que nos vamos a encontrar y hacer planes y ver cómo podemos ayudar en cada país o lugar que visitamos.

TM.- Si. Y cómo encontrar a otros elohims como nosotros, cómo reunirnos en otras dimensiones, lo que hablamos y pactamos, cómo irradiamos la Tierra.

Taa.- Si. Tantas y tantas cosas que se hacen en los viajes. ¿Y eso lo vas a recoger en un libro?

TM.- Lo voy a recoger en una colección, que ya te he dicho como se va a llamar.

Taa.- ¡Eres brillante!

TM.- ¿Lo dices por la Luz que emito?

Taa.- Nooo. Jajajaja. Lo digo por las ideas que tienes.

TM.- Mi objetivo es ayudar a la humanidad a su crecimiento y evolución y si al contarles lo que ocurre en otros planos, lo consigo, pues,... estoy cumpliendo mi objetivo.

Taa.- Si, es que no paras.

TM.- Oye, y ¿tú que haces aquí? Ya nos vimos en Semana Santa 2012, en que tu cuerpo-base estuvo aquí con el mío pasando unos días.

Taa.- Si, es que eso de estar uno en la provincia de Barcelona y otro en la de Ávila, no me apetece nada, y eso que España no es muy grande.

TM.- Si, pero es necesario para que cada cuerpo haga su crecimiento personal y evolucione sin apegos.

Taa.- Si. Estoy aprendiendo mucho. Y lo digo literalmente. Jajajaja. Porque estoy estudiando el TES (Técnico en Emergencias Sanitarias). Esos estudios que sirven para llevar ambulancias y atender a los enfermos en un primer estadio.

TM.- Y ¿estás contento con lo que estudias?

Taa.- Me gusta porque estoy aprendiendo como tratan los humanos las situaciones de emergencia. Qué hacen los de Protección Civil y qué hacer en caso de catástrofes.

TM.- Uy, que interesante. Eso nos ayudará si las situaciones planetarias dejan de ser pacíficas. Jajajajaja

Taa.- Si, eso pienso yo. Si se dan situaciones de emergencia, mi cuerpo-base estará mas preparado.

TM.- Y ¿Qué te trae por aquí?

Taa.- Veras. Todavía estoy intrigado con el tema de los chakras.

TM.- ¿Ah, si? ¿Por qué?

Taa.- Porque ojeando un libro he visto unas láminas y no las entiendo.

TM.- A ver enséñamelas.

Taa.- Mira:

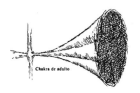

TM.- Bueno, estas son imágenes de los chakras, cuando son normales. Una es de un adulto y la otra de un niño.

¿Que tienen de extraño?

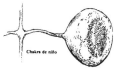

Figura 8-2: Chakras de adulto y de niño.

Taa.- Bueno, así conozco un poco más como los dibujan los humanos. Pero te voy a enseñar otra, a ver qué me dices.
Mira:

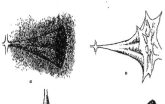

Figura 15-1: Chakras que han sido desfigurados

TM.- Estos dibujos se refieren a chakras con deficiencias o conflictos.

Como ves constan de raíz y corona. Y el embudo que esta en medio, que no se como le llaman.
Te voy a contar sus problemas y lo que pueden causar.
Si la corona no esta bien, que es la entrada de la energía, no la capta bien. Entonces puede entrar mucha (de forma excesiva), o poca (deficitariamente), es decir, no entra la necesaria, la adecuada.

Si la raíz esta mal, no entra a los conductos, por lo tanto puedes estar sin energía en esa zona. O bien, otro chakra tiene que suplir esta deficiencia con su energía. Como ves alguno aparece aplastado, otros están sucios. En fin, que cualquiera de estas deficiencias produce molestias, dolores de cabeza, desgana, problemas de salud, emocionales o mentales, depende en que vehiculo este el chakra problemático.

Taa.- Oye, ¿y si hay mas de uno así?

TM.- Pues seguro que la persona no esta muy sana en el nivel donde tenga los problemas.

Taa.- ¿Y se les puede ayudar?

TM.- Hay que tratarlo. Puedes pedir a tus ángeles que te ayuden en la rectificación o buscar a una persona experta en esta tarea.

Taa.- Creo que cada vez hay mas personas así, con estos defectos.

TM.- Si, eso parece.

Taa.- Bueno, vamos a dejarlo. Oye, ¿nos vamos de paseo?

TM.- Pues si que me apetece. Pero no mucho rato, solo un ratito ahora que nuestros cuerpos-base están durmiendo.

Taa.- Vale.

TM.- Pues vamos.

◊◊◊◊◊◊◊◊◊◊◊◊◊◊◊◊◊◊◊◊◊◊◊◊◊◊◊◊◊◊◊◊◊◊◊◊◊◊

CAPÍTULO 21

"LA CESTA"

<u>Otro día de clase:</u>

Am.- Buenos días Susi.

Su.- Buenos días preciosas. ¿Cómo os fue con el trabajo de protección con los Rayos Manásicos?

M.- Yo lo he practicado cada día. No sabia cuando había que hacerlo, si solo cuando pasa algo o, como las Premisas Básicas, por la mañana cuando me levanto.

Su.- Puedes hacerlo de las dos maneras. Si piensas que vas a tener un día pesado y cargado de contenidos negativos, te recomiendo que lo hagas por la mañana al levantarte.

Si la situación es solo tensa en determinados momentos, hacerlo en esos momentos.

Am.- Yo solo lo necesito cuando estoy delante de mi hermana.

M.- Pues yo todo el día estaría haciéndolo.

Su.- Pues aquí tenéis la solución. Tu Amanda lo haces cuando sabes que llega tu hermana a casa. Te preparas antes de que llegue y así lo haces tranquilamente.

Tu Mari, lo haces en cuanto te levantes, antes de salir de casa.

También le podéis dar un código de tiempo o pedirle que solo se active en tal o cual situación.

Am.- Eso me gusta.

M.- A mi me parece interesante de esta manera.

Su.- Pues os voy a enseñar otro elemento.

Am.- Ah, si, ¿Cuál?

M.- ¿Qué es?

Su.- Se llama **"la cesta que recoge las energías discordantes"**.

Am.- ¿Y cómo funciona esto?

Su.- Lo primero que tenemos que entender es que hay un principio <u>"la energía ni se crea ni se destruye, tan solo se transforma"</u>.

M.- Esto me suena.

Am.- Lo hemos estudiado de pequeñas, ¿no?

Su.- Seguramente. Basándonos en este principio, la energía que se desprende de una persona, de un lugar o de una situación, esta flotando en el aire, buscando una forma en la que transformarse.

Am.- Que interesante.

Su.- Bien. Pues nosotros la vamos a recoger y la usaremos cuando lo consideremos necesario.

M.- A ver, cuenta, cuenta.

Su.- Nos vamos a imaginar una cesta, grande y profunda. Y le vamos a dar el código de que sea un elemento que va recogiendo la energía discordante que nos llega, y la guarda transformándola en algo positivo.

M.- ¿Y cómo lo hacemos?

Su.- Haremos lo de siempre, el mudra, las Premisas Básicas y la petición de ayuda a los ángeles.

Luego crearemos la cesta y al crearla ya lo haremos con un código, con una orden.

Le vamos a decir que su tarea es recoger las energías discordantes que nos lleguen.

Le daremos un "código de activación", o sea la activaremos.

Y vamos a ir probando su efecto en la vida diaria.

¿Qué os parece?

Am.- ¿Y así no nos llegaran las energías discordantes?

Su.- Os llegaran, pero cuando estén a la altura de la cesta, esta las engullirá.

Am.- ¡Que bien!

M.- ¡No me lo acabo de creer!

Su.- Bueno, es cuestión de experimentar.

¿Nos ponemos en marcha?

Am.- Si, si claro.

M.- Adelante.

Su.- Bien, pues hacemos el mudra con la mano izquierda.

Os lo dicto:

.- Mudra de abrir.

.- Premisas Básicas:

Yo Soy equilibrio en Acción

Pido energía de purificación.

Abro mi canal a la Luz.

Pido a mi vehículo superior, que tome el mando de mis vehículos inferiores, para hacer este trabajo.

.- Pido ayuda, protección y guía a los ángeles y Seres de Luz que me acompañan. Y les pido que subsanen cualquier error que yo pueda cometer.

.- Pido a mi vehículo superior, que me ayude en la confección de una cesta, cuya utilidad será la de recoger las energías discordantes.

Bien, ahora te imaginas que tu vehiculo superior y tu confeccionáis una cesta que tiene esta utilidad.

Imagínate que esta forrada por dentro y que a este forro le puedes poner los colores de los Rayos Manásicos que te interesen.

Es decir, si el forro es violeta, las energías que entren allá serán transmutadas o se convertirán en energías útiles para la transmutación. Como tú lo desees.

Una vez confeccionada la cesta, le damos el código de que se activará cuando digamos:

"Activo la cesta que recoge las energías discordantes".

Ya esta todo listo.

Ahora, damos las gracias a todos los Seres que nos han ayudado a esta confección energética y hacemos el mudra de cerrar el trabajo, con la mano derecha.

¿Qué tal?

Am.- Muy bien.

M.- Bien. Es cuestión de ir probando, ¿no?

Am.- ¿Y lo podemos forrar con el Rayo que queramos?

Su.- Si. Según tú desees que transforme las energías en una u otra manera, pones una u otra energía.

M.- Oye, y luego que pasará con toda esta energía acumulada.

Su.- Os va a ser útil si en algún momento carecéis de energía.

M.- Pero ésta es energía discordante, ¿no? ¿No será mejor dejarla en paz?

Su.- Para eso hay que recordar la premisa que comenté al principio, eso de que "la energía no se crea ni se destruye, solo se transforma".

Mira, antes los magos lo que hacían era usar la energía de las mismas personas para su beneficio personal. Bueno, creo que algunos aun siguen haciéndolo.

M.- Que cosas, ¿no?

Su.- Hay mucha gente que chupa la energía de otros. La vampiriza.

No es muy agradable. Algunos lo hacen conscientemente y otros no se dan cuenta. A veces lo hacen buscando equivocadamente, porque en realidad de donde hay que absorber energía es del universo, o de Dios, como quieras llamarlo. Con la energía del vecino, nunca hay suficiente y les produces daños a los demás.

M.- Si, creo que de esos conozco unos cuantos.

Entonces, ¿al llenar la cesta de Rayos queda transformada la energía?

Su.- Exacto.

Y ahora hay que ir practicando lo de la cesta en los días siguientes. ¿De acuerdo?

Am.- Si, eso voy a hacer. Sobre todo cuando llega mi hermana.

M.- Y yo cuando viene mi jefe "disparao".

Am.- jajajaja

Su.- jajajaja

M.- Si, no os riáis que lo paso mal.

Su.- El próximo día os voy a enseñar un ejercicio para estas cosas.

Am.- Hasta pronto.

M.- Adiós.

Su.- Adiós y practicad con la cesta.

Am.- Si, si, lo haremos.

CAPÍTULO 22

"EL LAZO VIOLETA"

Siguiente día de clase:

Su.- Hola, buenos días. ¿Habéis practicado?

Am.- Yo tengo la cesta llena de toda la rabia que tiene mi hermana contra mí.

M.- Pues yo llena de las neuras del jefe.

Su.- jajajaja. Muy bien. Muy bien.
Hoy vamos a hablar del Lazo Violeta.

Am.- Que interesante.

M.- Cada día nos sorprendes con algo. Eres infinita.

Su.- Jajajaja. Pues, infinita no, pero tengo muchos conocimientos dados por entidades de Luz de los que recibo instrucción.
Si tenéis paciencia poco a poco lo iré compartiendo con vosotros.

Am.- Muchas gracias.

M.- Si. No sabes cuanto te lo agradecemos. Nuestras vidas están haciendo un cambio radical. Ayer lo comentábamos.

Am.- Estas enseñanzas nos vienen como anillo al dedo.

Su.- Gracias. Bien pues vamos a trabajar.
Vosotras sabéis que el Rayo Violeta es el rayo de la transmutación y transformación. Por lo tanto también lo es de la transmutación y transformación del Karma.

El karma y el dharma son conceptos. Se refieren a que todas las acciones se crean para aprender. Pero yo puedo aprender lo que es un beso cuando esto funciona en dos direcciones.

Am.- No entiendo.

Su.- Si yo te doy un beso, tu, cuando lo recibes tienes una sensación. Puede ser placentera o enfadarte o indiferente, por ejemplo, o puedes tener otras reacciones. Pero todo ello se debe a esta acción: yo te doy un beso.

Am.- Si, eso lo entendí.

M.- De acuerdo.

Su.- Bien, tu experimentaras las reacciones pertinentes a la recepción de ese beso. Pero no te puedes ni imaginar cuales son las mías al dártelo. Que también pueden ser muchas.

Am.- Si, claro.

Su.- Pues **el karma trata de eso.**

De sentir cuando se efectúa una acción qué es lo que se siente.
Y cuando se recibe una acción, qué es lo que se siente.
Y me refiero a los tres aspectos: físico, emocional y mental.

Am.- O sea que yo te doy un beso y siento cosas. Y tú me das un beso y yo siento cosas.

Su.- Exactamente. Dar y Recibir. Acción y Reacción en cada uno de ellos.
Si yo te doy un beso tú tienes una reacción y yo una acción.
Si tú me lo das a mi tú tienes la acción y yo la reacción.
A cada acción le sigue una reacción.

Am.- Ahora me estoy liando más.

Su.- Ya me imagino. Pues quédate con que el tema es **aprender** lo que se vive física, emocional y mentalmente en cada situación, en los dos lados. **En el lado del que da y en el lado del que recibe**.

M.- A ver si lo entendí.
Tanto el que da como el que recibe están aprendiendo.

Su.- Exactamente. Y tienes que vivir las dos experiencias para aprender, con una sola no sirve. Te quedarías coja.

Am.- Claro, claro.

Su.- Estas situaciones a veces se dan inmediatamente.
Yo te doy un beso y aprendo a dar y tu a recibir.
Y enseguida tu me das un beso a mi, y así yo aprendo también el dar y el recibir.

A esto le llamamos **"karma inmediato"**.

Am.- Que interesante.

Su.- A veces las cosas no ocurren inmediatamente, si no a corto plazo. Es decir, yo te doy un beso, pero por la circunstancia que sea nos quedamos solo con esta experiencia.
Y en otra ocasión tu me lo das a mi, con lo cual he completado el aprendizaje.
Esto se llama experimentar el **"karma a corto plazo"**.

Am.- Caramba.

Su.- Y también puede ser a largo plazo. Es decir muy lejos en el tiempo. Tan lejos que **ya no recuerdas como empezó esta historia**.

Am.- Que interesante.

Su.- Si. Este seria el karma que se vive a veces de una vida a la siguiente.
"Karma a largo plazo"
A veces las personas que viven estas circunstancias dicen "pero ¿que he hecho yo para merecer esto?".
Ese es un karma a largo plazo. De una vida a otra. O de una época a otra lejana.
Lo importante es que entendamos que todo son lecciones que nos brinda el universo para que aprendamos como son las experiencias vividas desde los dos extremos de una situación.
Acordaros que este es un "planeta escuela". Aquí venimos todos a aprender.

Am.- ¡Que bien! ¡Con las ganas que tengo yo de aprender! ¡Me gusta mucho todo lo que nos enseñas!

Su.- De acuerdo. Ahora vamos al tema del lazo violeta.

Como la energía violeta la podemos utilizar para transformar el karma vamos a hacer un ejercicio que nos va a ayudar a este fin.

El ejercicio consistirá en sentarse una persona frente a otra y hacer un lazo entre ellas de Luz Violeta. Un Infinito Violeta.

De esta manera:

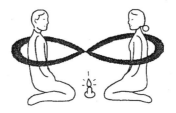

Y diremos unas frases:

Invoco al Rayo Violeta para transformar mi karma con...
(También puedes decir: el karma que tengo con...)

Y dices el nombre de la persona con la que quieres transformar tu karma.

Vamos a practicar ahora entre vosotras dos.

Am.- ¿Nosotras tenemos karma la una con la otra?

Su.- Seguramente que os habéis ido encontrando vidas y vidas. Así que puede ser que en una os hayáis envenenado, en otra matado con una lanza o un cuchillo, una espada o agredido de alguna manera.
O simplemente le habéis robado el marido. Jajajaja.

Se trata de que limpiemos lo desagradable, lo agradable lo dejamos para que fructifique. Lo desagradable es lo que nos hace sentir mal frente a la otra persona. No querer estar con ella. Huir de su lado. Apartarnos de alguna manera.

Este ejercicio nos ayuda a sanar todo esto. Nos ayuda a limpiar el karma que tengamos con la otra persona.

Am.- Pero nosotras somos buenas amigas. Nos queremos mucho.

Su.- Esto es muy importante. A veces con las personas que mas quieres es con quien tienes mas confianza y puedes pactar aprender lo que es ser envenenada o robarle el marido.
Vosotras dos sois almas afines, por eso os tenéis tanto cariño. Sois almas que venís muchas vidas juntas y por eso tenéis mucho karma que sanar.

Am.- ¿Entonces cuando quieres a una persona se lo haces pasar mal?

Su.- No lo veas desde esta perspectiva.
Cuando una persona la quieres, también la quieres ayudar a mejorar y a aprender y experimentar.
Si no la quieres, te da igual si aprende o no.
Por lo tanto, las personas que os tenéis mucho amor mutuamente, son las que podéis permitiros aprender tanto lo bueno, como lo oscuro, lo negativo.
De ellas apreciáis un bonito beso y os sabe muy mal si os traicionan.
Si no las queréis, si no son personas amadas, os da igual lo que hagan.
¿Entiendes?

Am.- ¿Por eso mi hermana y yo nos peleamos tanto?

Su.- Si os peleáis mucho, es porque aun queda mucho por resolver. Pero ahora que aplicas el Rayo Rosa y que conocerás el Lazo Violeta, veras como las cosas van a ir mejorando en casa.

M.- ¿Y también en la oficina?

Su.- Las relaciones con tu jefe, también son relaciones con vínculos muy antiguos, por eso trabajáis juntos.

M.- Eso no me lo imaginaba.

Su.- Si, las personas con las que convives diariamente o trabajáis juntos, son aquellas con las que tienes cosas que aprender y os ayudáis mutuamente, porque vuestra relación viene de muchas vidas anteriores.

Ahora vamos a tratar el tema del Lazo Violeta. ¿Os va quedando clara esta cuestión del karma y de los vínculos de vidas y vidas?

M.- Mas o menos. Vamos a ir viendo.

Am.- Cada vez un poco más claro.

Su.- Para trabajar el tema del Lazo Violeta, os colocareis una frente a otra.

Hacemos el mudra, las Premisas Básicas, pedimos ayuda a los ángeles y que corrijan nuestros errores.

Igualamos las frecuencias entre nosotros. Igualamos la frecuencia con los Rayos Manásicos y pedimos concretamente el Rayo Violeta.

Así:

.- Mudra de abrir.

.- Premisas Básicas:

Yo Soy equilibrio en Acción

Pido energía de purificación.

Abro mi canal a la Luz.

Pido a mi vehiculo superior/ que tome el mando de mis vehículos inferiores/ para hacer este trabajo.

.- Pido ayuda, protección y guía a los ángeles y Seres de Luz que me acompañan. Y les pido que subsanen cualquier error que yo pueda cometer.

.- Igualo mi frecuencia con la frecuencia de... (Amanda, Mari) –la persona con la que vamos a transformar el karma-

.- Igualo mi frecuencia con la frecuencia de los Rayos Manásicos.

.- Invoco al Rayo Violeta, para transformar el karma que tengo con ... (Amanda, Mari) – la persona con la que vamos a transformar el karma.

.- Pido que el Rayo Violeta confeccione un infinito violeta entre nosotras.

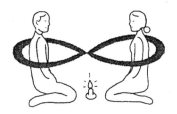

.- Pido que este infinito violeta este funcionando durante 15 minutos.

Ahora vamos a dejar que este en marcha durante este tiempo.
Cuando hayan pasado los 15 minutos:
Damos las gracias al Rayo Violeta y a la persona con la que trabajamos.
Hacemos el mudra de cerrar con la otra mano.

El trabajo estará efectuado.

<u>A los 15 minutos:</u>

Ya pasó el tiempo, dar las gracias y hacer el mudra de cerrar.

Am.- Qué interesante. ¿Te puedo comentar lo que he visto?

Su.- Si, claro.

M.- Pues, yo no he visto nada, como siempre.

Su.- No te preocupes Mari, ya llegará el momento en que lo veas. Ten paciencia.
Dime Amanda ¿qué has visto?

Am.- Al principio todo iba bien, estaba el Rayo Violeta haciendo un 8 y nosotras en el centro de cada agujero. Pero de pronto el color Violeta se terminó y empezó a salir otro color, un amarillo brillante.
Este Rayo estuvo un rato y luego se disolvió y apareció un azul turquesa muy bonito.

Total que el Violeta se esfumó y otros Rayos han ido ocupando su lugar. Casi casi diría que han pasado todos por allá.

M.- Uy que raro, ¿no?

Su.- Es normal. Eso quiere decir que otras energías se tenían que trabajar también entre vosotras.
Las cosas que os quedaban pendientes, que pertenecían a una u otra energía, se han ido manifestando a través de estos Rayos.
Acordaros que cada Rayo trabaja una serie de cualidades, asi que eso es lo que ha ocurrido. El universo ha aprovechado vuestro trabajo liberador del karma inicial, para liberar más energías que quedaban por solventar.

Am.- ¿Y eso lo tenemos que hacer mas veces?

Su.- Si. Hay que hacerlo muchas veces, porque hay muchas cosas que solventar.

M.- Y ¿qué pasa? ¿Es que el karma no se acaba nunca?

Su.- Sabréis que ha terminado cuando el lazo se vuelva de color dorado. Acordaros que el Rayo Dorado eleva la frecuencia vibracional.

Am.- ¿Y cuando lo veamos dorado ya no hay que hacer nada más?

Su.- Es importante seguir haciéndolo varias veces. Cuando **SIEMPRE** se vea dorado, ya no hay cosas a solventar.

M.- A mi me vienen algunas preguntas, ¿puedo?

Su.- Si, claro.

M.- Con mi jefe. El no se querrá sentar delante mío para hacer este trabajito. ¿Cómo lo hago?

Su.- En el caso de que la persona no este en el tema o no acepte hacer contigo este trabajo, lo puedes hacer en tu casa tranquilamente, imaginando que esta persona está delante de ti.

M.- ¿Solo con imaginarlo?

Su.- Si. Solamente. Hay que tener en cuenta que quien esta trabajando el karma con respecto a la otra persona es quien hace el ejercicio. Es decir, tu jefe no termina su propio karma contigo si no lo hace él mismo.

M.- Entonces solamente yo termino mi karma con esta persona. Esta persona no termina su karma conmigo. ¿Es eso?

Su.- Exactamente.

M.- ¿Y entonces qué pasa?

Su.- Lo que pasa es que cuando tu termines tu karma con esta persona ya no te afectará lo negativo que estés viviendo con ella.

Am.- ¿A mi no me afectará que mi hermana me trate mal?

Su.- Ya no lo vivirás con dolor y con tristeza. ¿Comprendes?
Te será indiferente su actitud. Ya no sufrirás.

Am.- Pues que bien. Ella que haga lo que quiera y yo estaré en paz delante suyo. ¿No es así?

Su.- Exactamente. A tu hermana si que le puedes comentar el ejercicio y hacerlo las dos juntas. Si le apetece.

Am.- En eso estaba pensando.

M.- Oye, ¿y este ejercicio seria bueno que lo hiciera con mi madre, con mi padre, con mis hermanos, cuñadas, sobrinos?

Su.- Seria muy, pero que muy bueno. Lo único es que hay que hacerlo de uno en uno. No puedes poner a toda la familia al otro lado del lazo y trabajarlo de golpe. Poco a poco, de uno en uno. Tienes mucha vida por delante.

M.- Si. Lo que pasa es que ahora que comprendo de qué va esto, quiero hacerlo lo más deprisa posible. ¿Lo puedo hacer las veces que quiera?

Su.- Si, todas las veces que quieras, pero no te empaches. Es mejor que hagas las cosas en su justa medida.

M.- Me voy a poner a la tarea.

Su.- Bien. Me gusta esta actitud tan positiva que tenéis. Ahora haremos una pausa. Nos llamaremos para quedar más adelante. ¿Os parece bien?

Am.- Si, creo que ya tenemos suficiente tarea para un tiempito.

M.- Si, ahora practicaremos esto y vamos limpiando el karma que tenemos.

Am.- Una pregunta. ¿También se puede hacer el lazo violeta para una situación o un elemento del que se quiera liberar el karma?

Su.- Si, claro. En vez de poner a una persona en el otro lado, pones la situación o elemento a trabajar.

Am.- Es que mi hermana fuma mucho. Si le cuento el ejercicio ¿puede poner el tabaco enfrente?.

Su.- Pues, es cuestión de experimentar. Que lo pruebe.

Am.- Bueno, vamos a experimentar en este descansito.

Su.- Me parece perfecto.

Am.- Adiós y muchísimas gracias Susi.

M.- Yo todavía no me lo acabo de creer. Pero te lo agradezco mucho. Voy a ir experimentando a ver que ocurre. Soy un poco escéptica y si no veo resultados...

Su.- Adiós guapísimas. Enseguida nos volvemos a encontrar y me contáis vuestras experiencias.

CAPÍTULO 23

"UNA PAUSA"

En otra dimensión:

TM.- Oye Taaron, parece que nos toca un descansito.

Taa.- Si, pues vámonos a disfrutar de algo que nos guste, ¿no te parece?

TM.- Estoy reflexionando y me ha gustado mucho esto de las clases. Igual sigo en otro libro contando más cosas.

Taa.- Si, creo que a la humanidad le hace mucha falta tener estos conocimientos.

TM.- Si, si,…. Seguiremos.

Taa.- ¿De momento nos vamos a pasear? A ver si encontramos a ABBANDIR y a LUSENDA, para charlar un rato y contarnos las experiencias.

TM.- Si, si, vámonos.

Adiós amigo lector.

Adióssss

Nos vemos en el siguiente libro.

Besitosssssss

Teje-Má
Ávila, España
18 de abril del 2012

NOTAS DEL AUTOR

Empecé mi proceso de "despertar" en 1986 a través de una vecina, Mari Carmen, que vivía en el Paseo de Fabra i Puig de Barcelona, unos pisos más abajo.

Ella me introdujo en el tarot, en las revistas esotéricas y en todo un mundo desconocido para mí.

En aquella época la librería barcelonesa "karma-7" tenía su sede en un piso y había que subir unas escaleras y llamar al timbre.

Su existencia permitió que muchas personas como yo se adentraran en el mundo de lo esotérico, de lo oculto, e investigaran sobre sí mismas.

Conocí a "la Mari" (Mari Carmen) y a Lidia, en la universidad de psicología. Las tres nos adentramos en este mundo a través del curso de "Introducción a las Ciencias Ocultas".

Allá nos encontramos con Xila, Aixa, Conchi y Nuri e iniciamos otro camino en el que descubrí mi capacidad mediúmnica.

Al comienzo me leía todos los libros habidos y por haber con respecto a los médiums y este proceso tan extraño, emocionante a la vez que inquietante.

Después comencé a visitar médiums, y gente esotérica para hallar respuestas.

Algunas obtuve, pero nadie me podía dar demasiados datos.

Incluso en uno de ellos me dijeron que yo era la reencarnación de Santa Rita. A lo que enseguida me nació responder: Santa Rita, Rita, Rita,…
Esta "revelación" me hizo estudiar a la Santa más profundamente y visité Casia para ver que sentía al respecto.
Es entonces cuando me di cuenta de que es muy difícil saber a ciencia cierta si nuestro espíritu ha vagado por este planeta siendo tal o cual persona.
Algo más difusas han sido las indagaciones sobre mis otras vidas, un samurái, una adivina en Delfos, un gran músico y otras más.
Aunque cuando estuve en Japón, pedí que si había cosas pendientes en ese país, que me viniera el karma y así lo terminara.
Y si, me vino el karma, me quemé por el sol, anduve todo el camino coja por problemas en un pie y algunas cosas más que ya no recuerdo, y al final salí del país en silla de ruedas (jajajaja).

Más personas me han ido acompañando en este sendero, como Juan Ester, quien decía ser la reencarnación de Elías, y en su centro me encontré con Fabri. Quien en esta colección de cuadernos conocemos como Taaron.
Él es mi pareja, cuyos aspectos humanos en algunas ocasiones me complacen y en otras no. Pero es una gran ayuda para trabajar mis proyecciones y mi parte masculina.

En el sendero me he encontrado a mucha gente en las dos dimensiones, en la física, en tercera dimensión y en la invisible.

Actualmente me acompaña Titania. Ella conduce el coche en los viajes más lejanos que un simple paseo por el pueblo, porque mi tendencia a elevar las manos para irradiar mientras viajamos o mi cabeza conectada con otros mundos no me lo permiten. "Podría tener un disgusto" como dicen en mi tierra.

Antes lo hacía y recuerdo un viaje en que mi hijo, que entonces tendría unos 10 años, tuvo que tomar el volante porque mis manos estaban irradiando mientras conducía hacia casa. Era la época en que trabajaba en el Casal D, Avis de Figueres y vivía en Sant Pere Pescador, en la provincia de Girona.

Las manos se elevan y se forman para irradiar y yo no lo puedo evitar, están conectadas con el mundo de lo invisible, las manejan mis vehículos superiores o entidades de Luz con esta misión.

En este cuaderno, con las dos figuras: Amanda y Mari también me identifico, porque soy las dos en mi misma. Una parte que tiene vivencias y la otra total y absolutamente escéptica, de tal manera que si no me pasaran a mí las cosas que me pasan, no me creería nada de nada.

Pienso que a mucha gente le pasa igual. Muchos con estas características han pasado por mi consulta. Les entiendo perfectamente. Si los ángeles no me hablaran, si los Seres de Luz no movieran mi cuerpo, o hablaran a través mío, si un ángel no se hubiera presentado ante mí físicamente, yo no me creería nada de nada. No tengo fe para eso o no me gusta creer las cosas solo porque la gente lo dice, tengo que comprobarlo por mi misma y así y todo siempre pienso si habrá habido otros factores que han propiciado esta situación o este mensaje.

Me gusta comprobarlo todo. Quiero ser sincera y verdadera. Aunque cada día me doy cuenta de que las cosas no son tan sencillas, que la realidad no se sabe a ciencia cierta cuál es. Que todo es cuestionable.

Pero si nos quedáramos solo en esto, nos volveríamos locos y hay que seguir adelante a pesar de todo. Así que, en algo hay que creer y algo hay que hacer. Nuestras dudas y nuestro escepticismo no nos pueden parar, hay que seguir adelante y empujar hacia la Luz a todos nuestros cuerpos.

Así que, ¡Adelante! ¡Vámonos!!!